Anonymous

Liebe und Freundschaft

Anonymous

Liebe und Freundschaft

ISBN/EAN: 9783743440487

Hergestellt in Europa, USA, Kanada, Australien, Japan

Cover: Foto ©ninafisch / pixelio.de

Weitere Bücher finden Sie auf **www.hansebooks.com**

Liebe
und
Freundschaft.

Ein Schauspiel

in

drey Aufzügen,

von

J. Graf von H***n.

Mannheim, 1793.

Personen.

Lord Sirway.
Karl Sirway, sein Sohn.
Lord Seltons.
Konstanze, seine Tochter.
Graf Glosti.
Danwille.
Gertrude Irnwille, Pflegmutter von
Leonore.
Pinzenzo, ein Maler.
Bediente.
Ein Arzt.

Die Handlung geht in einer Stadt in England vor.

Er=

Erster Aufzug.

(Die Scene stellt Pinzenzo's Zimmer vor, unordentlich,
mit verschiedenen Gemälden geziert. Pinzenzo sitzt
vor einem Bilde, und zeichnet.)

Erster Auftritt.

Pinzenzo (allein.)

D schwache Hand! möchte dich Götterkraft bele-
ben — doch wie unsinnig handle ich! — was nehme ich mir vor? — ich wage es, einen Engel zu
malen, der alles übertrifft — eine Gottheit — das
herrlichste was seyn kann, was alle Einbildungskraft übersteigt! Schwacher Künstler! weil du vielleicht manchmal das Glück hattest, etwas vorstellen
zu können, was der Natur gleich sah, erhebst du
gleich so hoch deine Gedanken! O wie himmelweit ist
das Original von diesem Gemälde! — und doch

feu-

feuert meinen Arm die Einbildungskraft an, ein zwei=
tes zu liefern, welches dem Original gleich komme?
— O möchte dieser Arm der Stärke meiner Einbil=
dung gleich kommen, dann könnte es gelingen; al=
lein —— (legt den Pinsel weg, steht auf, und betrachtet
noch einmal das Gemälde) — Wie könnte ich die Fein=
heit haben, diesen Engel — Nein, fort mit dem
Gemälde! (legt es weg) Meine Kunst ist zu einge=
schränkt! — Ich bin doch recht unglücklich! Muß
mich denn immer dieses Engelsbild verfolgen, das
ich neulich in der Kirche zum erstenmal sah? Wie
sie da kniete — mit zärtlichen Augen ihr Gebet gen
Himmel erhob und Gott ihr Herz ausschüttete! sie
lag so unschuldig, so rein da — Ach! und ich —
ich mußte das sehen, und meinen Freund bey ihr;
neben ihr, die er so oft mit schmachtenden Augen
anblickte; — ich mußte sehen, wie er sie aus der
Kirche führte, wie sie ihn mit holden Blicken be=
glückte! — O ich mußte das sehen, ich, dem der
Funken der Liebe tief in das Herz eingedrungen ist
— Mein Freund! wie glücklich bist du nicht, wie
beneidenswerth — doch du verdienst es — sey
glücklich, auf immer der glücklichste der Menschen!
denn was ich bin, habe ich dir zu danken; ich war
nichts, ein armer Wurm — du lerntest mich ken=
nen, belohntest meine Kunst, wurdest die Stütze
meiner armen Mutter — (Thränen kommen ihm in
die Augen) und unterstützest nun auch mich — O
bester Freund! einziger auf Gottes Erdboden — soll=
te ich an dir zum Verräther werden? solltest du viel=
leicht das Mädchen lieben, das ich neulich sah? —

O

O gewiß, gewiß! seine Blicke, seine Reden, seine nun lang unterbrochene Besuche! — was zweifle ich noch! — ich bin nun zu sehr überzeugt — ich bin zum Unglück geboren! Ich will den Gedanken von mir entfernen, nur an Dankbarkeit — an Karl denken, mich seiner Freundschaft würdig machen, und still mein Unglück tragen. Gott! wenn ich höre, es ist Karl selbst — nie werde ich seine Gegenwart ertragen können; was werde ich ihm sagen? — ich unglücklicher Mensch!

Zweyter Auftritt.

Karl und Pinzenzo.

Karl. Guten Morgen, Freund! guten Morgen! (er umarmt ihn) Was sehe ich! — so traurig? die Augen in Thränen gebadet? Was ist dies Pinzenzo? — Freund, schütte mir deinen Kummer aus! du weißt, ich liebe dich, rede —

Pinzenzo. O Karl, großmüthiger Freund! diese Thränen sind Thränen der Dankbarkeit; wie kann ich sie anders dir beweisen? das, was du für mich thatest — ist größer als alles; dir dank ich mein Glück, nur dir allein — Wer war es anders als du, der meiner Mutter in ihrer Krankheit beistand, als wir im äußersten Elend schmachteten, wer war es? —

Karl. Still, mein Freund, still davon! das verdient keinen Dank; was ich that, würde jeder anderer gethan haben, Pflichten der Menschheit gehen

A 4 allem

allem vor. Gott! nur wenige fühlen die Freude,
wohlzuthun, und was übersteigt diese an Süßig=
keit? Alles handelt nach Eigennutz; sieht man Un=
glückliche leiden, so denkt man, sie haben es ver=
dient: aber keiner überlegt, keiner setzt sich in ihre
Lage. — Welt! O Mensch, deines Namens un=
würdig schwelgest du umher, lebst auf Kosten armer
unglücklicher Mitgeschöpfe, läßt sie ihr Unglück füh=
len, und denkst nur allein des Glücks zu genießen!
ausgearteter Mensch! Schaude deines Namens! ver=
gessen alle deine Pflichten! Brüder mit Brüdern —
einem einzigen Schöpfer seine Herkunft zu danken —
in einer Gesellschaft mit einander zu leben — in ei=
genen Bedürfnissen, Freuden; in seinem eigenen Seyn
des Nebenmenschen Ebenbild zu fühlen — und doch
so ausgeartet, und doch so viele Meuchelmörder, Be=
trüger und Heuchler, die auch fühlen was Mensch ist.
Wahrlich, in einer solchen Gesellschaft —

Pinzenzo. Freund, du redest wahr, jedes dei=
ner Worte ist Gold. Alle — alle sind gleich ge=
sinnt, keine Seele findet sich mehr, die sich des Na=
mens eines Menschen würdig macht — alles geht
auf eins hinaus; und was kann dieses anders seyn,
als Eigennutz, Unmenschlichkeit, Barbarey. Man
findet keinen Menschen mehr. Wo sind die Zeiten
hin, wo Friede, Ruhe, und Einigkeit unter allen
herrschte; wo Wohlthun das einzige Bestreben war;
wo jeder an demjenigen Freude fühlte, der sein Mit=
geschöpf war; wo Bruderliebe unter allen herrsch=
te — jeder einen Gedanken hatte? — O weg sind
diese Zeiten, und mit diesen der Friede, das Glück—

nun

nun ist nichts anders als Raub, Mord, Scheinhei=
ligkeit — einer wie der andere, und alle so.

Karl. Es ist wahr, weg sind diese Zeiten, die=
se glücklichen Zeiten; doch dein Haß streckt sich zu
weit über das ganze menschliche Geschlecht.

Pinzenzo. Und habe ich daran unrecht? Könn=
te ich Gegenbeweise haben — wie gern wollte ich
unrecht — wie gerne die Menschen meine Brüder
nennen; wie gern in einer Gesellschaft leben, wo
jeder gleiche Gesinnungen, gleiche Wollust zum Gu=
ten hat. Allein, giebt es Beispiele davon? O mei=
ne Mutter! arme Mutter! auch dich verlor ich; du
warst mein einziger Trost, die einzige fühlbare See=
le, auch du bist hin — mußtest in das tiefste Elend
gestoßen werden! und wer war daran anders Ursa=
che, als diese Barbaren, die Menschen? und wa=
rum? — weil sie nur Gutes that, — selbst mein
Bruder — Schande für ihn — für ihn, der ihr
sein Daseyn zu danken hatte — erkühnte sich noch,
sie des kleinen Ueberrestes ihrer Güter zu berauben,
da er doch immer im Taumel der Freude schwelgte.
Er that es, und verließ sie, die ihn am liebsten hat=
te, ihren Erstgebohrnen! — Sie erkrankte; das
Unrecht, so ihr angethan wurde, erstickte ihre Liebe;
sie verzieh ihm; nur mit Menschen wollte sie nichts
mehr zu thun haben. Aber dieß war noch nicht ge=
nug für die blutdurstigen Gesinnungen ihrer barbari=
schen Anverwandten, die neidisch auf ihr blühendes
Glück blickten, das sie durch dich, edler Freund,
genoß; und darum nur ihren Tod suchten. Durch
heimliche Ränke wußten sie auch ihre grausame Wol=

A 5

luft

luſt zu befriedigen, und ſie ſtarb — entriſſen von ihr
iſt nun keine Seele mehr übrig, die mir des Guten
fähig ſcheint; alle brüderlichen Gefühle zum Guten
ſind erſtickt; nur Mörder ſind ſie alle. — Gott reiſ=
ſe mich aus dieſer Brut — laß mich nicht ver=
zweiflen; der Hauch ihrer Laſter vergiftet überall —
fort — fort — weg von hier! —

Karl. Du treibſt die Sache zu weit. — Es
iſt wahr, der größte Theil der Menſchen verdient dein
Urtheil; doch es ſind noch edeldenkende Geſchöpfe
übrig, in denen die Gefühle zum Guten noch wa=
chen. — Noch einmal, Freund! du erſchreckſt dei=
nen Menſchenhaß zu weit, du biſt ungerecht. Haſt
du denn keinen Freund mehr? lebt denn Karl nicht?
hälteſt du mich nicht für deinen Freund?

Pinzenzo. (ihn feurig umarmend) Verzeih' edle
großmüthige Seele! Einziger auf Gottes Erdboden —

Karl. Nicht einziger — es giebt noch mehrere —
Zwar ſind ſie hier nicht aufzuſuchen, hier herrſchen
nur verdorbene Sitten; für die hier athmende Men=
ſchen iſt dein Urtheil vielleicht zu gelinde; allein gehe
auf das Land, lerne da erſt den Menſchen kennen,
betrachte da die Einfalt der Natur, wenn ſo bey
der Morgenröthe die Vögel ihr Lied anſtimmen, un=
ſern Schöpfer preiſen — wenn da die Arbeitsleute
mit ihren zahlreichen Heerden die blumichte Wieſen
überſchwemmen. — Freude und Sorgloſigkeit glänzt
ihnen aus dem Geſichte; ſie grüßen ſich einander,
geben wahre unverfälſchte Zeichen ihrer Freundſchaft
und Liebe; erzählen einander ihren geringen Kummer;
freuen ſich des ſchönen Tages, des fruchtbaren

Jah=

Jahres — und schätzen sich glücklich. O Freund! lerne da den Menschen kennen; da herrscht Redlichkeit — Alles ist unverfälscht, alles bezeigt Liebe — Man findet noch Zufriedenheit; noch hat das Laster nicht alles unter sein Joch gebracht. Gehe auf das Land, betrachte die Natur, bewundere die Werke Gottes — du wirst anders denken. — Beneidenswerth sind die, die eines solchen Lebens genießen können; glücklich sind sie. O könnte ich in ihrer Stelle seyn, wie glücklich würde ich mich schätzen!

Pinzenzo. Und wenn das das Einzige ist, was zur Vervollkommnung deines Glückes abgeht, warum genießt du es nicht? Du als Sohn des Lords Sirway, dem alles fast zu Gebote steht — warum sollst du denn deiner Zufriedenheit etwas mangeln lassen? Das Gemälde, welches du mir vom Landleben machst, würde auch für mich unzählbare Annehmlichkeiten haben; auch ich würde mich glücklich schätzen, solcher Freuden genießen zu können; mein Beruf aber ist, hier in der Stadt schmachten zu müssen. — Aber dich bester Karl, was hält dich zurück? — Du wirst unruhig — du stotterst? — dieses Schweigen ist nicht ohne Grund, Karl rede!

Karl. (betroffen in sichtbarer Verwirrung) Freund! frag mich nicht —

Pinzenzo. Sonderbar. — Was soll dieß bedeuten?

Karl Noch einmal, ich bitte dich, erspare mir die Antwort! (mit zunehmender Verwirrung)

Pinzenzo. Dein Mißtrauen kränkt. Ich schmeichelte mir dein Freund zu seyn: denn Freunde ent-

decken

decken sich alles, haben nur ein Herz — verzeihe, ich schmeichelte mir zu früh — Karl, so ganz bist du nicht mein Freund!

Karl. (ihn umarmend) Pinzenzo — Pinzenzo! ich darf — ich kann dir nicht antworten, bringe nicht länger in mich, sieh — ich versprach Verschwiegenheit.

Pinzenzo. So schweige! ich forsche nicht weiter, doch ich errathe, was du mir verbergen willst, soll ich dir's sagen? —

Karl. (in Verlegenheit) Nun was wäre dieß?

Pinzenzo. Theuerster Freund! (mit starr auf Karl gehefteten Blicken) ich darf — ja ich will dir meine Muthmaßung eröffnen — findet sie statt, so kommt mir freylich dein Mißtrauen nicht so ganz besonders vor — Nicht wahr Karl, Liebe fesselt dich hier?

Karl. (betroffen) Liebe? —

Pinzenzo. Ja Liebe! — Liebe, die du mir verschweigen willst — nicht wahr, ich kam auf den Grund deines Herzens? Deine nun lang unterbrochene Besuche, deine immer mehr steigende Verlegenheit beweisen mir es. Liebe fesselt dein Herz. Schütte mir dein Innerstes aus! (bey Seite) Nun ist er auf dem Punkte mir alles zu erklären; o Gott, entscheide mein Schicksal und gieb mir Fassung!

Karl. (entschlossen und offenherzig) Ja Pinzenzo, du erriethest es — ich liebe — liebe einen Engel — schöner als alles — ein Mädchen voll Tugend und Unschuld — Pinzenzo, stelle dir eine Gottheit vor — und du hast ein Bild von Leonore! —

Pin=

Pinzenzo. (geräth in Verwirrung) Leonore — sagtest du? — und ihr Geschlechtsname?

Karl. Irnwille, sie liebt —

Pinzenzo. (ausrufend) Irnwille! Irnwille! (für sich) so mußte mit einem Wort meine Hoffnung zernichtet — das Leben mir zur ewigen Marter werden!

Karl. Was ist dir Freund? du bist ausser aller Fassung?

Pinzenzo. (sich fassend) O es ist nichts — gar nichts. Der Name Irnwille kam mir so bekannt vor — eine Anverwandtschaft — allein ich irrte mich, es ist nichts — (bey Seite) Gott! gieb mir Fassung —

Karl. Ja Leonore Irnwille, ein armes Mädchen, doch aller Tugenden voll; sie lebt mühsam mit einem alten Weibe; sie nähren sich mit Arbeit; ich lernte sie schon lang in der Kirche kennen, wohin sie täglich gehet. Ihre Unschuld, ihre reizende Gesichtszüge prägten sich tief in meine Seele; seit ich sie kenne, habe ich keine Ruhe mehr; sie allein ist mein einziger Gedanke. Ich folgte ihr nach bis an ihr Haus, gieng täglich vor demselben vorbey; setzte mich in dem geweihten Tempel immer neben Leonore, und fand endlich Gelegenheit sie zu sprechen. Ich kam in ihre Wohnung, und o Himmel! mußte sehen, daß ein Engel wie Leonore, der zu herrschen verdiente, so elend lebt. Sie hat ihre Eltern in ihrer Kindheit verloren und lebt jetzt unter dem Schutz

der

der Alten, deren Namen sie führt. Ich besuchte sie nun täglich, aber immer unter dem falschen Namen Sir Montray; unterstützte sie, betete sie an — Auch Leonore liebte mich, unsre Gesinnungen waren eins; ich versprach ihr, unsre Liebe geheim zu halten, und wir — heiratheten uns —

Pinzenzo. (laut ausrufend) Heirathen? — (sich mäßigend) und du Karl verschwiegest mir das alles aus Mißtrauen?

Karl. Nicht das, Bester! Gerne hätte ich dir alles entdeckt; allein ich schwur Verschwiegenheit, die ich nun auch von dir fordere, theuerster Pinzenzo!

Pinzenzo. Weiß dein Vater von dieser Liebe etwas?

Karl. Noch weiß er nichts, und doch muß er dieß schreckliche Geheimniß erfahren.

Pinzenzo. Und was erwartest du denn von ihm?

Karl. Er ist ja mein Vater, er liebt mich, er wird mir meine Liebe verzeihen; Leonore und ich werden ihm zu Füßen fallen, sie umfassen, nicht eher aufhören zu flehen, bis er unsere Bitte erhöret; er wird uns verzeihen, seine Liebe, seinen väterlichen Segen schenken, uns glücklich machen. Glaubst du nicht, Freund?

Pinzenzo. Ich wünsche es, wünsche es von ganzem Herzen — du verdienst es (bey Seite, mit Ausdruck) Mußte es eben Leonore Jrnwille seyn?

Karl. Schon öfters nahm ich mir vor, unsere Liebe zu erklären, doch nie hatte ich den Muth; oft war ich schon auf dem Punkt, es zu thun, allein mein Muth war wie eine Blase dahin. Jrn=
wille

wille weiß nicht, wer mein Vater ist, ich will es
ihr erst eröffnen, wenn ich mit meinen Vater davon
gesprochen habe. Freund! ich will dich zu ihr führen,
sie wird dich schätzen, da du mein Freund bist; du
mußt den Engel kennen lernen. Komm Pinzenzo,
theile mit mir mein Glück, nur fordere ich von dir
bey den geheiligsten Banden der Freundschaft äußer-
ste Verschwiegenheit.

Pinzenzo. Zweifelst du daran?

Karl. Wieder Mißtrauen — doch komm, komm
zu dem Engel!

Pinzenzo. Verzeih, ich kann heute nicht — ich
kann wahrlich nicht.

Karl. Sage, lieber du willst nicht! du wirst
dem Engel Freude machen, sie wird dich in mir
schätzen.

Pinzenzo. Bester Karl! ich kann wahrlich nicht
— mit Vergnügen würd ich es thun. (bei Seite)
Wie sehr setzt er mich auf die Folter.

Karl. Und was verhindert dich?

Pinzenzo. Geschäfte, die ich mit dem — mit
einem Worte, ich kann nicht, verlange es nicht von
mir.

Karl. Nun, so sollst du den Engel bey dir sehen, ich will ihr sagen, du hättest nicht wollen zu
ihr kommen, und es wird sie kränken — Pinzenzo!
du theilst nicht meine Freude!

Pinzenzo. Nun Karl! ich werde ja kommen,
werde ganz gewiß kommen, etwa später aber, hier
hast du meine Hand zum Versprechen.

Karl.

Karl. Dank dir bester Pinzenzo! lebe wohl, komme nur bald nach; sie wohnet auf dem Martinsplatze, lebe wohl, komme ganz gewiß nach, Pinzenzo!

Pinzenzo. Ja Freund ganz gewiß, lebe wohl!

(Karl ab)

Dritter Auftritt.

Pinzenzo (allein)

Er eilt davon. — Wie unüberlegt handelte ich, nun versprach ich ihm etwas, was mir das Leben kosten wird. Zur Leonoren soll ich gehen, zu der, die ich liebe, ich soll der Nebenbuhler meines Freundes werden, mich an ihm zum Verräther machen? Gott! was soll ich ihr sagen? Wie seine Gegenwart ertragen? — Verheirathet mit ihr! — verheirathet! also mir auf immer entrissen — Ich unglückliches Geschöpf! so bleibt mir denn gar keine Hoffnung mehr übrig, so muß ich zum Unglück gebohren seyn? Leonore — Leonore! warum mußt ich dich sehen, du bist die Ursache meines Elends; könnt ich nur meine Liebe unterdrücken! — Pinzenzo! sey Herr über deine Leidenschaften, Karl erhob dich aus dem Staub, welche Bande sollen stärker seyn, Bande der Liebe oder der Dankbarkeit! — Liebe? — So weit soll es nicht kommen, nein, ich will sie ersticken, nimmermehr an Leonoren denken, nur an Karln, an seine Großmuth denken — Unseliges Leben! zu Leonoren soll ich nun gehen, die ich anbete —

te — sie sprechen — ihre Liebe beloben, werde ich
es ertragen können? Nun will ich den ersten Beweis
meiner Selbstüberwindung geben, will sie sprechen,
meine Fassung behalten (nimmt Hut und Stock) nun
fort! doch wie rasch war nicht mein Entschluß! mei=
ne Füße wanken — ein etwas hält mich zurück —
das Ziel nach dem ich strebte macht mich beben —
Himmel gieb mir Stärke — um Stärke — Muth
bitt ich dich — wie wird es mir bey den Engel er=
gehen — Karl liebt sie — ist mein Freund — ret=
tete mich — rettete meine Mutter — fort zu Leo=
noren.

(Er geht ab)

Vierter Auftritt.

(Die Bühne stellt das Zimmer des Lord Seltons vor.)

Lord Seltons und **Lord Sirway** im Ge=
spräche begriffen.

Sirway. So bald als möglich Lord! noch diese
Woche wenn sie wollen.

Seltons. Dieses hat nur Lord Sirway zu be=
stimmen, je früher je lieber. Seyn Sie versichert,
ich erwarte mit Ungeduld den Augenblick, meine
Tochter am Altar zu führen, und mit ihrem Sohne
verbunden zu werden, die Ehre die mir und meinem
Sohne wiederfährt in ihrer Familie —

Sirway. Keine Komplimente, wir reden als
Freunde, mir gereicht es hauptsächlich zur Ehre ihre

B   Kon=

Konstanze als Gemahlinn meines Karls zu sehen, sie
besitzt so viel Annehmlichkeiten, Tugend mit Anstand
und Edlem vermischt.   Was kann sich mein Sohn
bessers wünschen, noch einmal bitte ich, vollziehen
Sie die Heirath so bald als möglich, auch ihre Tochter scheint mir sich sehr darnach zu sehnen, wenn ich
nicht irre, mein Sohn macht Eindruck auf sie.

Seltons. Dessen bin ich gewiß, allein mich
dünkt meine Tochter bestoweniger ihren Sohn gerührt
zu haben.

Sirway. Wie so?

Seltons. Ich rede offenherzig, ich begreife die
Aufführung ihres Sohnes nicht, nicht als ob ich etwas an ihm zu tadeln hätte, im Gegentheil, Karl
besitzt alle Eigenschaften, die einen jungen Menschen
zieren, aber Lord! bemerken Sie nicht, daß er sich
seit einiger Zeit weniger sehen läßt? seine Melancholie wächst von Tag zu Tage, was soll das bedeuten?

Sirway. O seine Aufführung kann ich nicht
anders als tadeln, sein immerwährendes Herum-
schleichen, seine oft sehr verwornen Reden entgiengen
meiner Aufmerksamkeit nicht.   Schon öfters gab
ich mir Mühe, ihn in seinen heimlichen Gesprächen
zu belauschen, ich forschte so viel als möglich war,
doch ist mir dies alles noch immer ein dunkles Räthsel, welches aufzulösen ich unfähig bin.

Seltons. Auch ich gebe mir unendliche Mühe
dies alles auszuforschen, meine Tochter scheint es
zu bemerken, nur tröstet mich der Gedanke, Karl
kann nichts machen, das seiner unwürdig wäre, seine

ne Gesinnungen, sein Karakter ist edel, Karl ist seines Vaters würdig.

Sirway. Himmel! mir kömmt ein Gedanke, sollte etwan — eine Liebe —

Seltons. (erstaunt) Eine Liebe?

Sirway. Karl sollte eine heimliche Liebe verbergen, sollte seinem Namen Schande machen? Ohne seines Vaters Erlaubniß einen Gegenstand erwählt haben, für den er vielleicht schmachtet? Ha! sollte mein Sohn so niedrig denken? so seinen alten Vater entehren? sollt ich denn ganz kinderlos werden? schon die Ahndung ist mir schrecklich, und diese Ahndung hat viel Wahrscheinlichkeit.

Seltons. Erhitzen Sie sich nicht Freund! hat ein ungegründeter Verdacht Ihre Sinnen ergriffen? lassen Sie Ihrem Sohne Gerechtigkeit wiederfahren, er bezeigte sich nie — that nie etwas, daß an seiner Aufführung zu tadeln wäre.

Sirway. Was soll denn aber seine Melancholie, seine Verschwiegenheit — was soll diese bedeuten? mein Sohn war sonst immer von einem höchstfeurigen Temperamente, und nun seine Melancholie? — ich sinne nach, und meine Gedanken stocken auf dem Worte Liebe, diese ist gewiß die Ursache, die mich für meinen Karl zittern macht; o ja mein Gefühl überzeugt mich davon, überall verfolgt mich mein Unglück; Gattinn, Kind zu verlieren, ist für ein Vaterherz keine Kleinigkeit, der Sohn die Schande des Vaters, Karl! auf den ich meine ganze Hoffnung baute, so ausarten zu sehen, o! daß ist mehr als todt.

Sle=

Seltons. Enfernen Sie dieſe ſchrecklichen Bilder, ſie ſind alt, gedenken Sie nur ſich zu erhalten, und von Ihrem Sohn wenden Sie die Meinung ab, die Sie von ihm hegen. Sie bilden ſich alles zu arg ein, Ihr Alter, vielleicht Ihr Unglück iſt daran ſchuld. Seyn Sie verſichert, Ihr Sohn iſt unſchuldig, das was Ihren Verdacht erwegt, iſt ungegründet, laſſen Sie ſich nicht durch falſche Muthmaſungen täuſchen, wir müſſen dahinter kommen, auf welche Art es immer ſeyn mag.

Sirway. Wie gerne möchte ich ein Mittel finden es zu thun. Rathen Sie mir Freund?

Seltons. Sie kennen den Grafen Gloſti, er kömmt öfters in mein Haus, beſucht oft meine Tochter, ich weiß er iſt gut mit ihrem Sohne, wenigſtens ſcheint er es zu ſeyn, dieſem könnten wir den Auftrag geben, dieſer kann vielleicht Karln das Geheimniß herauslocken, Sie wiſſen er läßt ſich zu allem gebrauchen, freut ſich, wenn man ſich ſeiner bedient, weil es ſonſt niemand thut; ein paar ſchöne Worte, und er wird dann an nichts anders denken, als ſeinen Auftrag auf das glücklichſte zu vollziehen.

Sirway. Ihn zu gewinnen, wäre gewiß das ſicherſte Mittel.

Seltons. Da verlaſſen Sie ſich auf mich, ich kenn ihn ganz.

Bedienter. (der eben eintritt) Graf Gloſti will ſeine Aufwartung machen. (ab.)

Sirway. Er kömmt wie gerufen, vielleicht würde meine Gegenwart ihn beſchwerlich fallen, ich will mich entfernen. Leben Sie wohl Seltons, ſuchen

Sie

Sie das Geheimniß zu erforschen, und benachrichtigen Sie mich davon.

Seltons. Ich werde alles verrichten. Leben Sie wohl.

(Lord Sirway geht ab)

Fünfter Auftritt.

Lord Seltons und Graf Glosti.

Glosti. War dies nicht Lord Sirway, der da eben hinausgieng?

Seltons. Ja, er war es.

Glosti. Ein wunderlicher Mensch, so viel ich ihn kenne, mir scheint er der erste Knicker zu seyn, ich wollte wetten, wenn er —

Seltons. Wenn Sie etwas wider ihn zu sagen haben, so bitte ich Sie, sagen Sie es nicht in meiner Gegenwart, Lord Sirway ist mein Freund, wenn Sie ihn des Geizes beschuldigen, so thun Sie ihm unrecht, viele haben ihm allein ihr Glück zu verdanken, er ist ein edeldenkender, nur in gewissen Fällen ein eigensinniger Mann.

Glosti. Ja, ja, Sie reden wahr, edeldenkend, aber sehr eigensinnig, ganz entsetzlich eigensinnig.

Seltons. Kennen Sie ihn denn so genau?

Glosti. Von sehen, blos von sehen, aber man beschrieb ihn mir so, er hat auch einen Sohn.

Seltons. Was denken Sie von ihm? mir scheint Sie sind sein Freund?

B 3 Glo-

Glosti. Wir sind die besten, unzertrennlichsten Freunde mit einander, so wie Orest und Pillades, ich liebe ihn unendlich), ein guter, artiger Mensch, wir kennen uns schon lange, ich kann Ihnen tausend Geschichten und Streiche von ihm erzählen.

Seltons. Ein andermal, aber sagen Sie mir, bemerkten Sie nichts an ihm?

Glosti. Nichts was mir auffallend wäre, doch sah ich —

Seltons. Finden Sie nicht, daß seit einiger Zeit seine Munterkeit, sein heiteres Wesen verlohren, und statt dessen ein finstres Wesen eingetreten ist?

Glosti. Ja wohl wahr, das bemerkte ich schon lange, er war sonst immer der Munterste, und nun ist er mit einer Schwermuth belastet, daß ich nothwendig glauben muß, es stecke ein Geheimniß dahinter.

Seltons. Haben Sie dennoch keine Gelegenheit gehabt die Ursache zu erfahren? Sollte etwan eine Krankheit?

Glosti. Ganz gewiß, eine Krankheit ist es, ich erinnere mich, oft sagte er mir. —

Seltons. Oder sollte etwan eine geheime Liebe?

Glosti. Was brauchts da Nachdenkens, Liebe ist es, was kann es anders seyn, nun sind wir auf dem Punkt, es ist kein Zweifel. Liebe ist es und Karl entdeckte mir nichts, — mir? seinem einzigen Vertrauten?

Seltons. Erweisen Sie mir einen Gefallen, an dem wir —

Glosti.

Glosti. Es wird mir eine Ehre seyn, Ihnen Lord in etwas zu dienen.

Seltons. Einen Gefallen, an dem mir unendlich viel gelegen ist.

Glosti. (sich aufblasend) Mit Vergnügen, reden Sie, verlassen Sie sich auf mich, Sie kennen mich, meine wenige Verdienste sollen — —

Seltons. Ich weiß, Sie sind des jungen Sirways Freund.

Glosti. Ja, ich liebe ihn von Herzen, schmeichle mir, sein einziger Vertrauter zu seyn, und kann noch bishero nicht verstehen, wie er mir seine Liebe verschweigen konnte — es kränkte mich wirklich, und —

Seltons. Seine Liebe ist noch nicht so gewiß, Graf reden Sie mit ihm, suchen Sie sein Herz durch, um hinter das Geheimniß zu kommen, die Ursache seiner Schwermuth zu erforschen, sparen Sie keine Mühe, gedenken Sie an meine Erkenntlichkeit, an meinen wärmsten Dank, mir liegt unendlich viel daran.

Glosti. Verlassen Sie sich nur auf mich.

Seltons. Sie beruhigen auch dadurch meine Tochter.

Glosti. Ihre Fräulein Tochter, wie so?

Seltons. Meine Tochter Konstanze, liebt Karln.

Glosti. Sirway? (erstaunt) Ihre Tochter sagen Sie, liebt den jungen Sirway? (beiseite) da hätte ich mich teuflisch geirret.

Seltons. Ja, sie liebt ihn von ganzer Seele, nur ihn wünscht sie, auch soll sie seine Gemahlinn werden.

Glosti.

Glosti. Gott — was sagen Sie? Konstanze! ihre Tochter die Gemahlinn des jungen Sirway? bedenken Sie! —

Selton. Nun? und was ist dabey zu bedenken. Schickt sich vielleicht solch ein Ehepaar nicht zusammen?

Glosti. Grausamer Vater! Wie? Sie wollen Ihre Konstanze einem Menschen geben, der ihrer ganz unwürdig ist, der eine andere liebt, und vielleicht schon gar — bedenken Sie doch, was Sie thun?

Seltons. Noch ist der Schritt nicht gethan: ich bitte Sie deswegen noch einmal, das Herz des jungen Menschen zu erforschen.

Glosti. Konstanze, sagen Sie, liebt den jungen Sirway?

Seltons. Ja, sie betet ihn an; er ist ihr einziger Gedanke. Verweilen Sie also nicht, reden Sie mit ihm, reissen Sie uns alle aus dieser grausamen Unruhe; jede Stunde — jeder Augenblick ist kostbar — mein Wunsch ist, diese Heirath noch diese Woche zu vollziehen.

Glosti. Noch diese Woche? — diese Woche — und Konstanze liebt ihn?

Seltons. Ihr Erstaunen ist wunderbar. Besitzt denn Karl nicht alle Gaben, die ihn beliebt machen können? Ist seine Stellung, seine Art, sein ganzes Alter nicht so eingerichtet, daß man ihn lieben muß? Bald zweifle ich, daß Sie sein Freund sind.

Glo=

Glosti. Ich bin mit Ihnen ganz eines Sinnes; es kam mir nur wegen etwas, ich weiß es selbst nicht, besonders vor — Verlassen Sie sich nur auf mich — Sie werden alles erfahren, auf das genaueste erfahren — Graf Glosti steht Ihnen mit seiner Ehre dafür —

Seltons. Also — Leben Sie wohl, schon im voraus danke ich Ihnen — Graf, leben Sie wohl! Sie finden an mir Ihren aufrichtigsten Freund.

Sechster Auftritt.

Graf Glosti (allein.)

Lieber wäre es mir doch, an dir meinen aufrichtigsten Schwiegervater zu finden — Konstanze liebt den Sirway? — Also war das bloße Freundschaft, bloßes Zeremoniel, was sie gegen mich bezeugte — Was ist nun dabey zu thun? etwa den Helden spielen zu wollen? und meine Liebe zu rächen? — Nein diese Zeiten sind vorbey: man gewinnt dadurch nichts — Zieht gewöhnlich den kürzern; das Beste wird seyn, sich ganz gleichgültig zu stellen, und an einem andern Orte das Glück suchen; man muß sich ja in die Welt schicken. Ich will nun nicht mehr an Konstanze denken — aber ich Thor! — was wundre ich mich denn so? Gab sie mir nicht täglich Aufträge des Sirway wegen? redete sie nicht täglich von ihm? — sagte sie nicht selbst, sie schätze ihn sehr? und ich konnte glauben, sie liebe mich? Thor, der ich war! Ich will lieber mei=

meine Aufträge verrichten so gut als möglich —
mich zu allem gebrauchen laffen. — Muß man dieß
heutzutage nicht, wenn man nichts hat, und dennoch
leben will? Doch da kommt Konstanze selbst — ich
will mich entfernen — (will abgehen.)

Siebenter Auftritt.

Konstanze. Der Vorige.

Konst. Bleiben Sie Graf — wohin eilen Sie?
Fliehen Sie meine Gegenwart?

Glosti. Wie kommen Sie auf diesen Gedanken,
Laby?

Konst. Begegnete ich Ihnen vielleicht auf eine
Art, wodurch ich mir ihre Mißgunst verdiente?
Fehlte ich je gegen Sie?

Glosti. Spotten Sie meiner nicht, Laby.

Konst. Was war denn also die Ursache, daß Sie
sich so eilig wegbegeben wollten, als Sie mich sahen?

Glosti. Ein Auftrag von Ihrem Vater, eine
Kleinigkeit —

Konst. Der Auftrag wird nicht so eilig seyn;
auch von mir haben Sie einen — Graf, bleiben
Sie! —

Glosti. Sie befehlen es, Laby, wie kann ich
so glücklich seyn, von Ihnen —

Konst. Keine Umschweife! Ich verschwieg Ihnen
eine Sache, die ich gerne immer geheim gehalten
hätte, nun aber nicht länger mehr verschweigen kann.
— Wie komme ich Ihnen vor, Graf?

Glosti,

Glosti. Was soll ich antworten, Lady; ohne etwas zu sagen, wodurch ich mich einer Lüge schuldig machen würde? Alles schöne, reizende, alles entzückende Konstanze — kann der ein Name beygelegt werden? Verschonen Sie mich mit einer so harten Frage.

Konst. Weg mit Komplimenten — die Wahrheit verlange ich von Ihnen.

Glosti. Beste Lady, es sind keine Komplimente, nicht Schmeicheley! Könnte ich alles dasjenige ausdrucken, wozu es mir an Worten fehlt: wie glücklich wäre ich dann!

Konst. Noch einmal — Bemerken Sie seit einiger Zeit nichts an mir? Komme ich Ihnen nicht verändert vor, in meinen Betragen — in meiner Aufführung?

Glosti. In Wahrheit, Lady, Ja! und das schon seit langer Zeit. Sie sind nicht mehr wie zuvor — die muthwillige Konstanze, die uns alle beschämte — Sie melden etwas mehr die Gesellschaft— scheinen nun Neigung an der Einsamkeit zu finden, und —

Konst. Und die Ursache davon — Was glauben Sie? —

Glosti. Wie kann ich das wissen! Ist es etwan nur eine Grille, oder ein neuer Lebensplan?

Konst. Wollte Gott, es wäre nur das! aber — Apropos, kennen Sie den jungen Lord Sirway? Mir scheint es, Sie stehen gut mit ihm — Was halten Sie von ihm?

Glosti.

Glofti. Für was soll ich ihn anders halten', als für das, was er wirklich ist — für einen edelgesinnten Mann, der von Allen geschätzt zu werden verdient.

Konst. (bitter) Ha, nicht wahr — alles vortreflich? und wie gefällt Ihnen seine Art, seine Bildung? —

Glofti. Er ist mein Freund; ich kann nicht anders, als alles an ihm lobenswürdig finden; muß ihn als den Liebenswürdigsten schildern —

Konst. (für sich) Daß dir die Zunge mit seinem Lob verstumme! —

Glofti. Doch, — Lady scheinen sich sehr für ihn zu interessiren — was soll ich aus diesen Ihren Reden muthmaßen?

Konst. (schnell) Nichts, als was Ihnen schon lange meine Aufführung zur Gewißheit machen konnte. — Wissen Sie also, ich liebe — liebe den jungen Sirway — wünsch ihn als Gatte zu besitzen. Nun Graf?

Glofti. Was kann ich anders thun, als Ihre Wahl billigen? der Lord verdient Ihre Liebe, wie gesagt, er ist ein schöner, edeldenkender Mann; der der Liebe Konstanzens würdig ist — (bei Seite) Es ist doch eine verdammte Sache, seinen eigenen Nebenbuhler loben zu müssen.

Konst. Sie kommen oft mit ihm zusammen — was spricht er — redete er nie von mir?

Glofti. Ohne Zweifel!

Konst. Und was sagte er?

Glo=

Glosti. Er erhob Sie bis zum Himmel, redete von Ihnen mit solchen Affekt, daß es mir schien Götterkraft belebe ihn; Er lobte Ihren Verstand, war entzückt von Ihrer Schönheit, von Ihren Gra=zien —

Konst. Hören Sie auf! es ist mir höchst unan=genehm, aus dem Munde desjenigen, von welchem ich Wahrheit vernehmen wollte, Schmeicheleyen hö=ren zu müssen — ich weiß, Karl liebt mich nicht — Noch einmal Graf, ich verzethe Ihnen nicht, ausser Sie sagen mir reine Wahrheit. — (für sich) Noch will ich mich näher in meinem Argwohn bestärken.

Glosti. Nun also, so sollen Sie Wahrheit er=fahren. Er sprach von Ihnen, aber immer — Verzethen Sie Lady — mit der äußersten Kaltblü=tigkeit.

Konst. Meine Muthmaßung ist nur zu gegrün=det! stolzer Mensch! ich, die schon über mehrere Herzen, würdiger, wie deines, siegte, soll nun so tief herabgesetzt seyn, von dir verachtet zu werden? Ha! du sollst doch gebeugt, gedemüthigt werden, willst du nicht meine Liebe, so sollst du meine Rache fühlen; und dazu Graf sollen Sie mir beystehen, Sie sollen das Werkzeug davon seyn.

Glosti. Zu viel Ehre, Lady.

Konst. Ich weiß, Karl liebt ein andres Mäd=chen von niedrigem Stande — unterhält sie — Ich erfuhr dieß aus sichern Händen; er unterstützt sie, betet sie an, lebt nur für sie, und Konstanze wird verachtet — O Sirway, du sollst nicht lange dei=nes Glückes genießen — es soll dir entrissen — bey

Gott,

Gott, bald entriſſen werden, und du ſollſt lernen,
daß Konſtanze ſich auch zu rächen weiß — Wollen
Sie mir beyſtehen, Graf? — wollen Sie? —

Gloſti. Ob ich will? Lady, was würde ich
nicht thun, um nur eines Blicks von Ihnen gewür=
digt zu werden! — befehlen Sie, Lady! ·

Konſt. Rechnen Sie auf meinen aufrichtigſten
Dank, auf meine Freundſchaft — Ich erfuhr auch,
daß Sirway hier einen Freund unterhält — deſſen
Name — er iſt ein Maler — daß er ihn aus dem
Staube gezogen. Auch dieſer liebt das Mädchen.
Noch, glaube ich, weiß Sirway nichts davon. Ge=
hen Sie zu dieſem Maler, — allenfalls unter dem
Vorwand, ſeine Gemälde zu betrachten — lenken
Sie dann das Geſpräch auf Karln; ſtellen Sie ihn als
ſeinen verborgenen Feind vor, der von ſeiner heim=
lichen Liebe unterrichtet iſt, ſich nur daran letzet —
Malen Sie ihn ſchrecklich ab! — dagegen zeigen
Sie — geben Sie dem Maler alle Mittel an die
Hand, daß ſeine Liebe begünſtigt werde; ſtehen Sie
ihm mit allem bey. — geben Sie ihm Hoffnung zu
des Mädchens Beſitz; machen Sie, daß er nur an
ſeine Geliebte — nie an Karl, wenigſtens ohne Ver=
achtung an ihn denke. — Das Mädchen ſoll des
Malers Frau werden, Karl ſeine Gattin und ſeinen
Freund verlieren. Machen Sie noch mehr, reden
Sie von Entführung, von allem, was Ihnen Ihre
Einſicht eingiebt; treiben Sie ſo ſeine Gedanken un=
tereinander, daß ſeine Vernunft unterdrückt werde,
und ſeine Liebe zu der Dirne ſiege. O Graf! ſte=
hen Sie mir bey, gebrauchen Sie alle mögliche Vor=

ſicht, ſparen Sie keine Mühe, ſeyn Sie verſichert, daß ich Sie ſchätze, daß ich — wäre Syrway nicht — doch wer weiß, was geſchehen wird — rechnen Sie auf meinen Dank, auf meine Erkenntlichkeit. Verſchaffen Sie mir meine Ruhe wieder, machen Sie mich glücklich, beſter Graf! —

.Gloſti. (Ihr zu Füßen fallend) O Konſtanze, theuerſte Konſtanze! (ihr die Hand küſſend) zu viel Güte für mich, Sie überſtrömen mich damit — ich verdiene es nicht — ich will Sie rächen, will alles thun, was Konſtanze verlangt, alles was mir möglich iſt. Der Gedanke, Ihnen einen Dienſt zu erweiſen, ſoll mich immer mehr dazu antreiben, ſoll mir jedes Hinderniß überwinden helfen; O Konſtanze! Sie kennen mich nicht ganz — doch ich will eilen, will fliegen — Konſtanze will es ja —

Konſt. Thun Sie alles mit Vorſicht! —

Achter Auftritt.

Konſtanze (allein.)

Armer Tropf! ein Wort macht dich ſchon völlig zum Narren. Ich weiß, du liebſt mich, denkſt nur an mich; doch nie werde ich deine Liebe lohnen können. O Sirway! Sirway! wie kränkſt du mein Herz — ich unglückliches Mädchen — warum mußte ich eben ihn lieben, da mir ſo viele Herzen zu Gebot ſtunden? dich mußte ich lieben — und du Grauſamer verachteſt mich — Ha Konſtanze! dich ſo weit herabzulaſſen? Nein, weg mit der Liebe —

eis

ersticke jeden Funken in deinem rachebürstenden Her=
zen; — Konstanzen verachten; — Konstanzen ver=
achten — Rasender Gedanke, der mein Innerstes
erzittern macht! Ha Sirway! Erst bis zu einem
Wurme dich erniedrigt zu sehen, dann meine ganze
Rache an dir auszuüben: — dies ist mein einziger
Gedanke! Mein Wunsch, mein Vorhaben muß mir
gelingen, es mag gehen wie es wolle. Und wenn
dann meine Rache vollzogen ist, und du erkennen
wirst, daß sie von mir rühre — Ha! dann soll
Konstanze triumphiren, soll ganz die Süßigkeit der
vollbrachten Rache genießen, — soll sich dann an
seinem Leiden erquicken, o Gedanke! Entzücken! wä=
re der Augenblick nur da; aber wie viel Hindernisse
sind noch, die man aus dem Wege räumen muß!
doch Konstanzen ist nichts unmöglich; je schwerer die
That zu vollbringen ist, desto süßer muß die Wollust
seyn — frisch an das Werk!   (ab.)

Neunter Auftritt.

(Die Bühne stellt die Wohnung Leonorens vor, welche
überall Armuth anzeigt. Leonore und Gertrude
spinnen.)

Leonore und Gertrude.

Leonore. Gertrude! er liebt mich, er liebt mich
ganz gewiß, wir werden glücklich mit einander seyn.
Montray denkt edel.

Ger=

Gertrude. Liebes Kind! du bist glücklich, Montray liebt dich, aber was ist die Ursache deines stillen Kummers? was erpreßt dir Thränen?

Leonore. O Mutter! so will ich dich immer nennen, ich fühle, mein Herz wird von etwas gequält, dessen Ursache mir unbekannt ist. Ein gewisses Etwas sagt mir immer, Liebe und Glück ziehen Leiden nach sich.

Gertrude. Tröste dich, mein Kind! wenn Montray ehrlich denkt, was kann dir dann wiederfahren?

Leonore. Ich sehe es selbst, mein Kummer ist ganz ungegründet; Montray wird mich nie verlassen, wird mich ewig lieben. Aber er sagte mir neulich, er hätte einen Vater —

Gertrude. Hierinn fehlte Montray, daß er seine Liebe seinem Vater verbarg, dem wir alles zu entdecken schuldig sind; und wenn ich etwas fürchte, so ist es des Vaters wegen.

Leonore. Montray sagte aber, es wäre ein guter Vater; und da wird er ganz gewiß nichts entgegen haben.

Gertrude. Er hat doch immer gefehlt; Vater bleibt Vater, ist Herr über seine Kinder — Wenn nun der Vater die Heirath übel aufnähme? wenn er etwa seinen Zorn — —

Leonore. Glaubst du das Gertrude?

Gertrude. Wenn er seinen gerechten Zorn — seinen Fluch über euch, liebe Kinder, laden wollt — wenn er seinen Sohn enterbte, von sich stieß, euch dann in der äußersten Armuth, von Allem verlassen,

C   mit

mit väterlichem Fluche beladen, ohne Eltern, ohne Schuß in Elend dahin schmachten ließe? —

Leonore. O Gertrude — um Gotteswillen — welche schreckliche Bilder!

Gertrude. Wenn ihr dann einander eure Liebe vorwerfet, wenn eure Kinder um euch herumwinseln, um Brod — um Nahrung betteln — ihr ihnen auch dieses abschlagen müsset — — Wie dann?

Leonore. (wehmüthig) Großer Gott, dieß ertrage ich nicht! Gertrude, höre auf — dein Bild ist schrecklich — fürchterlich — wie? so weit könnte uns unsre Liebe führen? Gertrude, glaubst du?

Gertrude. Nein, tröste dich Leonore, es wird nicht so werden. Ihr denkt beide zu edel, als daß der Himmel finstre Wolken über euch ausbreiten sollte. Gott wird euch segnen. Der Vater, wenn er auch vielleicht anfangs tobt — denn das, fürchte ich, wird wohl geschehen — wird sich denn doch endlich bewegen lassen, wird euch segnen, euch glücklich machen.

Leonore. Ich glaube es auch. Mein aufrichtiges Gebet zu Gott wird allen Kummer von uns verscheuchen; Gott wird mich erhören, er ist so gütig, er schenkte sich mir; was wäre ich sonst, wenn du nicht wärest?

Gertrude. (sie umarmend) Das danke ich ihm von ganzem Herzen, daß er dich mir zuführte. Liebes Kind! wie glücklich hielt ich mich, als ich dich in meine Hände bekam; dich nun als mein Kind

pflegen

pflegen und Mutterstelle bey dir vertreten konnte. —
Jener Tag war der glücklichste in meinem Leben —
Leonore. Montray bleibt heute lange aus!

Gertrude. Es ist wahr, um diese Zeit war er
sonst pünktlich da.

Leonore. Sollte ihm etwas begegnet seyn? sollte
er — ha! ich höre ein Geräusch — er ist's gewiß!
(sie läuft schnell an die Thüre, kommt aber traurig zurück)
nein — es täuschte mich — Es ist doch grausam,
nicht im völligen Besitze seines Gatten zu seyn! Was
mag ihn wohl gerade jetzt aufhalten — Gewiß ist
ihm etwas begegnet — mein Kummer ist nicht ohne
Ursache.

Gertrude. Schon wieder, liebes Kind, quälst
du dich mit unnützen, auf nichts gegründeten Vor=
stellungen; ein Geschäft — der Himmel weiß, wel=
ches? — wird ihn verhindern.

Leonore. (mit Thränen) Ha! er kommt jetzt
schon nicht mehr — er wird heute nicht mehr kom=
men — Ach, ich bin ein unglückliches Mädchen!

Zehnter Auftritt.

Karl. Pinzenzo. Vorige.

(Karl führt Pinzenzo herein, der durch die ganze Sce=
ne ein furchtsames Wesen behält.)

Leonore. (läuft Karln entgegen — erschrickt, als
sie Pinzenzo gewahr wird, und sucht ihre Thränen zu ver=
bergen.) Ach mein Karl — Himmel! (für sich) Wer
ist das?

C 2   Karl.

Karl. Theuerste Leonore! ich komme heute spåt, doch dafür führe ich dir eine neue Bekanntschaft zu — mein besten Freund. —

Pinzenzo. (der immer die Augen auf den Boden geheftet, nun mit einem wehmüthigen Blicke auf Leonore bei Seite) Gott! — sie ist es selbst — mein Unglück ist nur allzuwahr —

Karl. Was bemerke ich — meine Leonore in Thrånen? darf ich sie abwischen — (küßt sie) und wissen, was die Ursache davon ist?

Gertrude. Leonore ist heut immer voll Sorgen; sie befürchtet ihrem lieben Montray möchte etwas begegnet seyn —

Karl. Sie heften beide, wie ich merke ihre Augen auf den Unbekannten! Es ist Pinzenzo, der einzige, dem unsere Liebe bewußt ist. Nicht wahr, mein Freund?

Pinzenzo. (immer verwirrt) Karl, ich verdiene — diesen Name nicht — du hattest bishero nur zu viel Güte gegen mich — ich verdiene ihn warlich nicht.

Karl. Nun denn, was urtheilst du von meiner Frau? Ist sie nicht so, wie ich sie dir abmalte? Uebertrift sie nicht alle Geschöpfe des Erdbodens? Ist nicht jedes Lob für sie zu gering?

Leonore. Montray höre auf, du beschämst mich! (zu Pinzenzo) Mein Herr, das Vergnügen Sie kennen zu lernen, ist unbeschreiblich — Ich schåtze Sie; Sie sind der Freund meines Gemahls, und mir darum willkommen. Doch bey den Banden der Liebe, die mich an Montray fesseln, und die Sie

viel-

vielleicht auch kennen werden, bitte ich Sie um Ver=
schwiegenheit, wenn nicht sonst unsre Ruhe gestört
werden soll.

Pinzenzo. Sie wollen es, Leonore, Ihr Wille
ist Befehl — meiner Verschwiegenheit wegen können
Sie ruhig seyn — Karl du bist glücklich!

Karl. Und das doch nicht ganz, wenn du nicht
mein Glück mit mir theilst — Noch einmal, Leo=
nore, betrachte ihn als deinen Freund — er ver=
dient es. Erlaube ihm den Zutritt zu dir, er ver=
dient dein Zutrauen.

Gertrude. Auch meiner Seits sind Sie mir tau=
sendmal willkommen! — und wenn Ihnen an mei=
ner Freundschaft etwas gelegen ist, so seyn Sie ver=
sichert, daß Sie sie gänzlich besitzen.

Pinzenzo. Zu viel Güte für einen Unwürdi=
gen! —

Leonore. (Pinzenzo bei der Hand nehmend und ihn
vor zwey Gemälde führend) Kommen Sie Freund!
Sehen Sie, hier ist meines Karls Bild, hier das
meinige; sie werden uns trennen, in die Mitte kom=
men Sie; allein Sie trennen uns doch nicht, denn
die Bande der Freundschaft sind zu stark geknüpft! —

Pinzenzo. (beyseite) Nein, ich kann es nicht
ertragen — (laut) Leonore, wodurch verdiene ich
so viel Güte? Nein in diesem Tempel, in diesem
geheiligten Tempel der Unschuld verdiene ich keinen
Platz einzunehmen. — Leonore! was soll ich Ihnen
sagen, mein Herz ist überströmt, und kann so viele
Güte nicht ertragen; aber ich werde mir Mühe ge=
ben, sie zu verdienen.

Karl.

Karl. Nicht wahr, es ist ein Engel in Allem? —
Leonore! du entzückst mich); auch dir dank ich für
die Freundschaft, die du meinem Pinzenzo erzeigest;
du giebst mir dadurch einen neuen Beweis deiner Lie=
be — Leonore! du machst mich glücklich! — Ge=
heiligter Tag, an welchem ich dich kennen lernte! —
Meine Kinder sollen ihn jedesmal feyern! was wä=
re mir die Welt ohne dich! — nur in deinen Armen
fühle ich mein Glück.

Leonore. (ihn umarmend) Karl — geliebtester
Gatte! — Konnte ich dir größere Beweise meiner
Liebe geben — Aber du bist davon überzeugt, weißt,
daß ich nur mit dir glücklich seyn kann. Auch ich
preise den Tag, in dem ich dich kennen lernte —
Mit einem Rosenfeste wollen wir ihn immer feyern —
Unsre Kinder müssen dann uns, und diese Gemälde
mit Blumenkränzen umwinden.

Pinzenzo. (beyseite) Wie rein — wie aufrich=
tig ist diese Liebe! was kann süßer als solch ein
Schauspiel seyn? und ich — ich sollte der Verrä=
ther an meinem Freund werden? — Nein, nim=
mermehr! Ich will siegen über meine stürmende Lei=
denschaft, will sie ersticken, will mich nicht mit tau=
send Schandflecken beladen, mich zum Teufel ma=
chen — (er wischt sich Thränen ab.)

Leonore. (bemerkt es) Sie weinen, Freund?
o lassen Sie Ihre Thränen fließen! gutes Herz!
Sie empfinden auch, was Liebe ist — lassen Sie Ih=
ren Thränen freyen Lauf — es sind Thränen der
Freude —

Pin=

Pinzenzo. Wer könnte bey einem solchen Schau=
spiele ungerührt bleiben? Glücklich, und tausend=
mal glücklich, der eines solchen Augenblicks genießen
kann! —

Leonore. Sie reden sehr wahr, Freund! In
nichts anders besteht unser Glück, als in reiner zärt=
licher Liebe. Der Mensch ist dazu geschaffen; nur
im Genusse dieser Freuden schätzt man sein Glück.
Wenn man im Arme seines Gatten, seines einzig
Geliebten, ihm jeden seiner Gedanken ausschütten
kann, wenn man gleiches Sinnes — wenn nur
Liebe, Einigkeit das Ziel ist —

Pinzenzo. Ja wohl kann sich der glücklich schä=
tzen — und solch ein Glücklicher ist am meisten zu
beneiden. Selten aber findet man ihn; immer ist
unser Leben mit Sorgen, mit kummervollen Gedan=
ken untermischt — (schmerzhaft) Mir war dieses
Glück nicht aufbewahrt! —

Leonore. Nun und warum sollen Sie nicht glück=
lich werden? Auch Sie werden solche Freuden füh=
len, Sie empfinden ja? —

Gertrude. Lebt wohl, Kinder, lebt unterdessen
wohl! Mich ruft ein kleines Geschäft — Pinzenzo
verzeihen Sie, daß ich Sie verlasse. — Wir sehen
uns bald wieder; Sie werden uns doch öfters mit
Ihren Besuchen beehren? — Lebt wohl! (ab.)

Elf=

Elfter Auftritt.

Karl, Pinzenzo und Leonore.

Karl. Auch ich muß mich entfernen, Leonore! heute ist ein wichtiger Tag —

Leonore. Wie so?

Karl. Eben als ich zu dir eilte, begegnete mir meines Vaters Diener, der mich zu ihm rief. Heute muß er es erfahren — Gott! gieb mir alsdann Stärke genug, ihm meine Liebe zu offenbaren. Er würd uns glücklich machen; glaubst du nicht Leonore? —

Leonore. (mit Thränen) Ich wünsche es, und doch Theurer! o ich weiß nicht — schon heute den ganzen Tag bin ich so kummervoll, so schwermüthig — meine Augen fließen in Thränen — über alles ist mir so bang — Sollte dieß von Bedeutung seyn? ich weiß nicht, ich fürchte —

Karl. O nein, Leonore, schwermüthige Einfälle haben schon ihren Sitz in deiner Natur.

Leonore. Gertrude machte mir heute ein Bild vor, o Geliebter! das Bild war schrecklich — wenn der Vater vielleicht mißvergnügt seinen Fluch über uns ladete — dich unglücklich machte — Karl! das Bild war schrecklich — Nicht wahr, Pinzenzo, Gott wird gegen uns sein Gesicht nicht verfinstern? Montrays Vater wird uns segnen, — als seine Kinder aufnehmen — uns glücklich machen?

Pinzenzo. (verwirrt) Ganz gewiß! (bey Seite) — und doch — doch giebt mir ein etwas ein, daß

ich

ich froh wäre, wenn das Gegentheil geschähe; Es
regt sich eine Ahndung in mir — noch ist Leonore
nicht ganz für dich verloren; noch kann ich sie er=
halten — Je mehr ich sie ansehe, desto mehr brennt
meine Liebe. Doch nein — nein — unmöglich,
Leonore ist mir entrissen, mit ihr alle Freuden der
Welt, und ich bin zum Unglück geboren.

Leonore. Sie sind unruhig, Freund?

Pinzenzo. Ich denke hin und wieder — denke
an den Ausspruch des Vaters. — er wird gelinde
seyn; Leonore wird — muß glücklich seyn; das
Unglück verfolgt nur mich.

Leonore. Und warum das?

Pinzenzo. O fragen Sie mich nicht; bin ich
nicht unglücklich genug, nicht im Stande zu seyn,
meinem Freunde meine Erkenntlichkeit zu bezeigen,
meinen wärmsten Dank mit Thaten zu erwiedern?
Erkennen Sie an ihm den Mann, den mich elen=
den kriechenden Wurm, der von Tag zu Tag das
Brod für sich und seine Mutter erbetteln mußte, aus
dem Staube zog; mir Stoff gab, mich ferner in
meiner Kunst zu üben; mich und meine arme Mutter
unterstützte — Karl — nie werde ich diese deine so
edle That genug zu rühmen wissen — sie übertrift
alles —

Karl. Noch einmal, Freund! bringe dieß in
Vergessenheit; eine Sache die nicht werth ist, daß
man davon spreche — rede nicht mehr davon! —

Leonore. Nein, Pinzenzo! reden Sie nur davon,
machen Sie seine Thaten, seinen Edelmuth bekannt!

o Karl! (küßt ihn) fühlst du denn keine Freude, den Namen des Menschen zu verdienen?

Karl. Was ich that, schrieben mir meine Pflich=ten vor. Solche Pflichten sollte jeder erfüllen — Aber keiner will diese Wollust fühlen — doch ich verliere meine Zeit — Nun habe ich noch ein klei=nes Geschäft, — und dann zu meinem Vater — Gott stehe mir alsdann bey, und mache uns glück=lich — Lebe wohl! (er umarmt sie und geht ab.)

Zwölfter Auftritt.

Leonore und Pinzenzo.

Leonore. Der Himmel gebe uns Glück; wir lie=ben einander so sehr. Nur mit Montray kann ich glücklich seyn — Pinzenzo! es ist so süß, im ruhigen Genuß seiner Freuden zu seyn.

Pinzenzo. Wohl wahr Leonore; wenige können dieses Glücks ganz genießen.

Leonore. Dieses Glück ist unbegreiflich; nur lie=ben muß man, um es so ganz zu fühlen, und doch sind noch viele Hinderniße da, unser Glück vollkom=men zu machen.

Pinzenzo. O Sie werden gehoben werden; Montrays Vater wird Sie glücklich machen.

Leonore. Glauben Sie? — wenn es so wäre, entzückender Gedanke, Pinzenzo; Sie können es sich nicht genug einbilden — Haben Sie nie geliebt?

Pinzenzo. (mit einem Seufzer) Wollte Gott, er wäre so —

Leo=

Leonore. (vertraulich) Sie lieben also (ihn bei der Hand nehmend) lieben vielleicht unglücklich?

Pinzenzo. (erhitzt) Leonore — ich bin der unglücklichste Mensch auf Gottes Erdboden.

Leonore. Lassen Sie sich trösten; schütten Sie in mir Ihren Kummer aus, — einer Freundin, die Sie liebt — Armer Pinzenzo! Ich bedaure Sie —

Pinzenzo. Leonore! — bedauren Sie mich nicht, ich verdiene es nicht — o wenn Sie wüßten — wenn Sie mein ganzes Unglück kennten —

Leonore. Trösten Sie sich, Lieber! vielleicht kann es noch anders werden — vielleicht werden Ihnen noch heitere Tage aufgehen —

Pinzenzo. Nein — meine Ruhe ist auf immer hin; ich bin blos zum Unglück geboren.

Leonore. Darf ich nach den Gegenstand Ihrer Liebe fragen?

Pinzenzo. Leonore, ums Himmelswillen, diese Frage kostet mein Leben.

Leonore. Und warum wollen Sie mir dieses verschweigen? Sie wissen, daß ich Ihre Freundin bin, daß Sie mir theuer sind, und dennoch —

Pinzenzo. Wie Leonore, Sie lieben mich? Ich komme Ihnen nicht ganz verächtlich vor?

Leonore. Sie sind ja der Freund Karl's — seyn Sie versichert, nach ihm sind Sie meinem Herzen am nächsten.

Pinzenzo. (in Flammen) Karl! — Karl! — grausamer Freund! — warum mußtest du eben an meinem Unglücke schuld seyn —

Leonore. Wie so, Pinzenzo?

Pin=

Pinzenzo. Er zog mich aus dem Staube, als ich unglücklich war, um mich tauſendfach unglück licher zu machen —

Leonore. Was iſt das? Was reden Sie ſo ver wirrt?

Pinzenzo. Verderben über mich — ja Verder ben — muß ich an meinem Freund zum Verräther werden? — Leonore — Leonore — hätte ich Sie nie geſehen — grauſames Leben — Karl — Leo nore —

Leonore. (erſtaunt) Pinzenzo! ich bitte Sie, er klären Sie mir —

Pinzenzo. (ihr zu Füßen fallend) Nein ich kann es nicht länger verſchweigen, es drückt zu ſehr mein Herz — Leonore — Verzeihung — ich liebe — liebe — Sie —

Leonore. (zurückfahrend) Um Gotteswillen — (gefaßt) Pinzenzo — bedenken Sie! —

Pinzenzo. Ich bete Sie an, Sie ſind mein ein ziger Gedanke — tödten Sie mich — ſtrafen Sie mich, ich bin ſtrafbar — bin ein Unmenſch — un würdig, daß mich die Erde trägt — tödten Sie mich — nur verbieten Sie mir meine Liebe nicht! Nein, bey Gott, die nehme ich mit in mein Grab — (ergreift ſchnell ihre Hand und küßt ſie.)

Leonore. Weg von mir (ihn zurückſtoſſend, ſtolz) weg — Grauſamer! iſt das der Dank an Karln — Unmenſch! — fort von hier — laß mich — iſt das Dankbarkeit? Karl ſoll deine Treuloſigkeit er fahren —

Pinzenzo. O ich weiß, daß ich das abscheulich=
ste Ungeheuer unter Gottes Geschöpfen bin; daß ich
nicht zu hauchen verdiene. Ich weiß, daß mich die Erde
verschlingen sollte. Allein, bin ich Herr von meinen
Leidenschaften? Ich kannte Sie schon lange; Ihr
Gesicht, Ihre Reize machten den stärksten Eindruck
auf mich. Ich schmachtete im Stillen, verschwieg
meine Liebe, und nun — nun mußte ich von Karl
erfahren — von ihm — von meinem Freund —
daß Sie seine Gattin sind — Er zwang mich, zu
Ihnen zu kommen; ich sträubte mich — aber endlich
mußt ich seinen Bitten nachgeben. Ich kam — sah
Sie — Ihre Eigenschaften bezauberten mich, und
nun — o Leonore! verzeihen Sie mir, gerne hätte
ich meine Liebe auf ewig verschwiegen — allein in
dem Augenblick konnte ich nicht mehr schweigen; mein
Herz war zu voll — noch einmal, verzeihen Sie
mir Leonore! —

Leonore. Wie? Sie, ich sollte Ihnen noch ver=
zeihen? Grausamer! —

Pinzenzo. Leonore! Sie werden mir meine Ver=
wegenheit vergeben — mit meiner Schwachheit Nach=
sicht haben; Sie sind so gütig — ich will ja meine
Liebe ersticken, Sie sollen kein Wort mehr davon hö=
ren — ich will Sie verehren als einen Engel, will
mich an Ihrem Glücke freuen, und das Wort Liebe
soll nie mehr meinen Lippen entwischen — Barm=
herzigkeit, Leonore! Verzeihen Sie mir, verachten
Sie mich nicht ganz! bin ich nicht schon unglücklich
genug?

Leo=

Leonore. Nun, gut Pinzenzo! ich verzeihe Ih=
nen, allein, halten Sie Ihr Verſprechen; Sie ken=
nen Ihre Pflichten. Ich will dieſen Auftritt verſchwei=
gen; ich will Karln nicht damit beunruhigen. Noch
einmal, Pinzenzo! bleiben Sie Ihrem Verſprechen
getreu, ſonſt meinen ewigen, unverſöhnlichen Haß,
und die Rache wird von ſelbſt folgen —

Pinzenzo. (auſſer ſich vor Freuden) Wie? Sie
verzeihen mir? — tauſend — tauſend Dank —
nun bey Gott ſchwöre ich — bey allen, was heilig
iſt — Sie ſollen nicht mehr beunruhiget werden —
Sie verzeihen mir, Engel! Sie machen mich glück=
lich — ich kann nicht — Leonore! — welche Gü=
te — und Karl — nein! es iſt zu viel — zu
viel! —

(Geht ab.)

Dreyzehnter Auftritt.

Leonore (allein)

Nun iſt er fort, o daß er nie wieder käme! er
liebt mich — und ich könnte ihm es vergeben? —
er verdient es doch! er iſt zu bedauren! — er ver=
ſprach mir ja von dieſem Auftritte auf immer Ver=
ſchwiegenheit! o Karl! Geliebter! — Wäre nur
dieſer Tag zu Ende, an welchem unſer künftiges Glück
entſchieden wird. Ich weiß nicht — überlege ich
alles, ſo zweifle ich faſt nicht an einem guten Aus=
gange, und doch quält immer etwas meine Seele,
alles iſt ſo unruhig, als wenn ein unglückliches Wet=
ter

ter sich über uns aufthürmte — Gott verhüte es!
ich hoffe das sind Grillen, ich will mir sie aus dem
Kopfe schlagen, auf das Feld gehen, und mich an
der Betrachtung deiner Werke erquicken.

(ab.)

Ende des ersten Aufzugs.

Zweyter Aufzug.

(Die Bühne stellt eine Straße vor, Madame Danville
hat ein trauriges niedergeschlagenes Wesen an sich)

Erster Auftritt.

Madame Danville (allein)

Nun bin ich hier, o! wo irre ich nicht herum, wo
treibt mich mein Unglück nicht noch hin! ihr glücklichen Tage! verschwunden seyd ihr, und kommt nie
wieder zurück; wie ist die Welt mir zur Last!
wo finde ich Ruhe — wo Einsamkeit? — Etwan
hier in dieser Stadt, wo alles immer vor Freuden
taumelt? hier! wo mir stets Menschen aufstoßen,
denen Freude aus dem Gesichte schimmert? O dieß
ist nicht der Ort, wo ein armes, unglückliches Weib,
eine verlassene Mutter leben muß, nein! ich will
diesen Ort verlassen, will in einer Einsamkeit leben,

da

da meine liebe Tochter, und mein Unglück beweinen — ich glaubte mich hier zerstreuen zu können, allein kaum bin ich zwey Tage hier, so ist schon wieder mein Wunsch mich wegzubegeben — Wenn wird Gott einmal mir dieses betrübte Leben enden, das mir zur Last fällt, vielleicht bin ich noch zu stärkern Leiden aufbewahrt? aber! was kann denn noch schrecklicher seyn, als das, was ich schon gelitten habe— mein Entschluß ist gefaßt, und er soll ausgeführt werden, eine Einsamkeit wird mich aufnehmen, meine letzten Tage will ich dem Himmel widmen, meiner Lebenstage werden nur noch wenige seyn —

Zweyter Auftritt.

Leonore und Vorige.

Leonore. (ohne Jemanden zu bemerken) So kann mich nichts aufheitern? — muß denn immer mein Gemüth in tiefe Schwermuth versunken seyn?

Danville. (sie immer aufmerksam betrachtend) Diese Züge scheinen mir bekannt zu seyn.

Leonore. (wie zuvor) O wie schleichend kommt mir nicht die Zeit vor, da ich von meinen Montray entfernt bin, — wird mein Schicksal wohl schon entschieden seyn?

Danville. (in der Stille) Die Stimme — alles — alles trift überein — Gott!

Leonore. (wie zuvor) Vielleicht werden wir glücklich seyn, allein Montray hätte es mir wissen lassen sollen — in solchen Fällen wird man beflügelt —

und

und ich faß noch nicht — noch ließ er mir nicht wissen — ich ahnde nichts gutes — es wird sich ein Sturm erheben! — ich zittre! — (wischt sich die Thränen.)

Danwille. (in der Stille bey Seite) Je mehr ich Sie betrachte, je gegründeter scheint mir meine Bemerkung zu seyn, nein! ich will nicht länger im Zweifel bleiben, ich will sie anreden. (laut) Madame! Sie weinen, verzeihen Sie mir meine Verwegenheit, vielleicht sind Sie eine Unglückliche — Unglückliche gesellen sich so gern mit einander — darf ich Ihren Kummer erfahren?

Leonore. (sie aufmerksam betrachtend) Ich danke Ihnen — Ihre Miene flößt mir Trost ein, Ihr Betragen läßt mich etwas empfinden, erweckt in mir ein Gefühl, was ich Ihnen nicht beschreiben kann — auch Sie Madame scheinen mir erfahren zu haben, was Unglück ist? —

Danwille. Leider! ich fühlte die Last nur allzusehr — mein ganzes Leben ist eine Kette von Unglücksfällen, nur wenige glückliche Tage konnte ich genießen!

Leonore. War etwan Liebe daran Schuld?

Danwille. Ja ich liebte, fühlte alles Süße der Liebe! (es kommen ihr Thränen in die Augen) fühlt es aber nur kurze Zeit — ich täuschte mich — meine glücklichen Tagen waren hin — hin auf immer, und werden nie wieder kommen.

Leonore. Ihre Worte erwecken mein Mitleiden — also Liebe war die Ursache Ihres Unglücks — und wird wohl auch das meinige verursachen!

D   Dan=

Danwille. Auch Sie lieben? —

Leonore. Ach Madame! ich liebe, bete einen Menschen an, bin seine Gattin — doch verzeihen Sie, ich muß schweigen, habe nur schon zu viel gesagt.

Danwille. O! warum dies Stillschweigen, bin doch schon in voraus Ihre wahre Freundin? —

Leonore. (für sich) Sie erweckt in mir unbeschreiblich süße Gefühle (Laut) Verzeihen Sie, die Ursache meines Kummers schwur ich, niemanden zu entdecken.

Danwille. Gute, Liebe! — nicht Neugierde ist es, warum ich Sie beschwöre, mir Ihren Kummer zu eröffnen. Ich bin alt, Ihnen kann ich nicht mehr schädlich seyn, wenn Sie sich anders vor mir fürchten — Noch einmal bitte ich Sie, seyn Sie aufrichtig! Ist's vielleicht eine heimliche Liebe — Sie seufzen?

Leonore. Ja Theure! Sie haben es errathen, nur Sie sollen alles erfahren, ich heirathete einen gewissen Sir Montray, einen edlen, jungen Menschen, der alle Gaben geliebt zu werden besitzt, sein Vater, sagt er, wäre auf Reisen, und nun ist er zurückgekommen, noch weiß er von dieser Heirath nichts.

Danwille. Und Montray konnte ohne die Einwilligung des Vaters? —

Leonore. Das ist, was ich fürchte, allein Karln war es zu verzeihen; wir liebten uns zärtlich, dachten nur unsere Liebe zu befriedigen, und auf immer mit einander zu verbinden, wir gaben damals der Vernunft kein Gehör, folgten nur unsren Trieben,

nun

nun iſt der Vater da — Montray war ſchon öfters
auf dem Punkt ihm unſere Liebe zu entdecken, allein
ſogleich entfiel ihm wieder der Muth, und er ſchwieg;
heute ließ ihm ſein Vater rufen, will ihn ſprechen,
und heute entdeckt Karl ſeine Liebe zu mir, und heute wird unſer Schickſal entſchieden — vielleicht unglücklich —

Danwille. Gott wird es verhüten, Montray
fehlte, allein ſein Vater wird es ihm verzeihen, und
wird ſie beide ganz glücklich machen!

Leonore. Sie tröſten mich alſo Madam? glauben Sie wirklich — daß der Vater einwilligen wird,
uns nicht verſtoßen? — uns ſogar glücklich machen?

Danwille. So hoffe ich.

Leonore. Dank Beſte, tauſend Dank! wie erquicken Sie mich mit Ihren entzückenden Worten,
darf ich um Ihren Namen bitten?

Danwille. Mein Name iſt Danwille.

Leonore. Dieſer Name ſoll mir ewig theuer
ſeyn, immer werde ich in meinem Glücke an Sie
denken!

Danwille. Aber Liebe! Haben Sie keine Eltern?
was waren Sie, wie lebten Sie, bevor als Sie
dieſen Montray kennen lernten?

Leonore. Bey einem armen, alten — guten
Weibe, die mich unterſtützt, ihr leztes Brod mit mir
theilt, ſie heißt Gertrude Irnwille, ſie vertritt bey
mir Mutterſtelle, und ihr Name iſt der Meinige.

Danwille. Wie? haben Sie denn keine Eltern
mehr?

Leonore. O Madam! Sie verdienen mein ganzes Zutrauen, Ihnen will ich meine ganze Geschichte entdecken. Ich kaunte meine Eltern nicht, ich war ein kleines Kind, wie ich ihnen entrissen wurde — ein armer Landmann fand mich, ich weiß nicht wo, und nahm mich eine Strecke mit sich; allein seine Last war ihm endlich zu beschwerlich, er ließ mich liegen, und gieng seiner Wege; zum Glück war es nah am Dorf. Ein Weib, diese nemliche Gertrude sah mich, mein Jammern und Winseln flößte ihr Erbarmen ein, sie nahm mich in ihre Hütte, und vertrat bey mir Mutterstelle. Endlich gieng sie in Dienste, sie nahm mich mit sich, bald mußte sie mit ihrem Herrn hieher nach England reisen, er heyrathete; seine Frau liebte mich und Gertruden, schenkte uns oft etwas, der Herr starb, bald folgte ihm seine Gattin nach, sie hinterließ einiges wenige meiner armen Unterstützerin, und davon lebten wir bis itzt; nun lernte ich Montray kennen, gewann seine Liebe, er besuchte mich oft, und ihm habe ich nun meine Glück zu verdanken.

Danville. (bei Seite) So war mir auch meine letzte Hoffnung entrissen! (laut) Wo war denn der Ort, wo Gertrude Sie fand?

Leonore. Der Name des Orts ist mir unbekannt, in Frankreich war es, die Stadt Poitiers war nur ein paar Meilen von dem Dorfe entfernt.

Danville. In Frankreich also? (bey Seite) Vielleicht könnte es doch noch seyn. (laut) Unglückliches Mädchen, Sie wissen also gar nichts mehr von Ihren Eltern? — ich bedaure Sie.

Leo.

Leonore. Ich bete täglich für Sie, sie werden auch unglücklich seyn; (zieht ein Porträt heraus) dieß Madam ist das Einzige was mir übrig blieb, ich verehre dieß Bild, küsse es täglich, oft vergieße ich bittere Thränen, dies ist vermuthlich das Bild meines Vaters, denn ich hatte es am Halse umgehangen, als Gertrude mich fand.

Danwille. Zeigen Sie.

Leonore. Hier, Madame (zeigt es, worauf Danwille ganz außer sich geräth) hier, nehmen Sie mein einziges Andenken — aber was fehlt Ihnen, Madame, Sie werden blaß?

Danwille. (das Bild betrachtend) Richtig, das Bild meines Gonwal, der mir treulos wurde, mich in Elend, Schmach verließ — (laut) und dies sagen Sie, war an Ihrem Halse umgehangen? —

Leonore. Ja Madame, aber —

Danwille. Himmel — zeigen Sie mir Ihren rechten Arm, (Leonore thut es) diese Narbe — ja — es trift alles überein — wiße —

Leonore. Nun?

Danwille. Dies Porträt ist das Bild deines Vaters — und ich bin deine — Mutter.

Leonore. (ihr zu Füßen fallend) Großer Gott! — meine Mutter? — Sie meine Mutter? —

Danwille. Ja Julie, ich bin deine Mutter, deine glückliche Mutter, die ihre Julie wieder fand, steht auf! (sie umarmend) schon anfangs als ich dich sahe, machten deine Züge einen solchen Eindruck auf mich, den ich dir nicht beschreiben kann, du kamst mir so bekannt vor, und — Dank, tausend Dank

dir

dir o Gott! ich irrte mich nicht, ich fand meine Ju=
lie wieder — laß dich küssen — laß dich tausend=
mal umarmen — laß dem mütterlichen Herzen ganz
sein Entzücken fühlen, beste — theuerste Julie! (Sie
an ihre Brust drückend.)

Leonore. Theuerste Mutter! kann ichs glauben?
Ist es kein Traum? o nein, ich täusche mich nicht,
ich bin in den Armen meiner Mutter — aber beste
Mutter — wo ist mein Vater? — ist er nicht hier?

Danville. Julie! du verbitterst mit dieser Fra=
ge das Süße meiner Freude, du erweckst in mir
ein Andenken, auf das ich mich mit Schrecken erin=
nere — dein Vater lebt nicht mehr.

Leonore. Wie so? ist mein Vater todt?

Danville. Ja Julie! du hast keinen Vater mehr,
er ist hin, er, den ich am meisten liebte — wie grausam
handelte er nicht an mir! doch ich verzeihe ihm, und
liebe ihn noch wie zuvor — o Julie! weg mit trau=
rigen Bildern, wir wollen nur an Freude denken,
ganz will ich mich dem süßen Glücke überlassen, mei=
ne liebe Tochter wieder gefunden zu haben. Aber
bald werde ich dich, theuerste Julie! wieder verlassen
müssen.

Leonore. Nein, meine Mutter, Sie müssen nun
immer bey mir bleiben, ich und Gertrude wollen Sie
pflegen, wir wollen nun fleißig arbeiten, Sie müs=
sen Ihre letzten Tage mit uns zubringen.

Danville. Nein, meine Julie, ich muß dich
verlassen, meine letzten Tage will ich in einer Einsam=
keit verleben, doch werde ich dich öfters sehen, dich
und deinen Mantrap segnen. Sieh, ich bin alt,
mei=

meiner Unglücksfälle zu häuffig, Gott ist mein einzi=
ger Trost, und vielleicht endigt er bald mein Elend.

Leonore. Kommen Sie, theuerste Mutter! kom=
men Sie zu uns, Sie müssen meine zweyte Mutter
sehen, meine liebe Gertrude, Sie müssen selbe ken=
nen lernen,

Danville. Ja Julie, führe mich zu ihr hin,
ich will sie sehen, will ihr tausendmal danken, ohne
ihr wäre vielleicht meine Tochter nicht mehr, komm
mein Kind, führe mich zu ihr.

(Beide ab)

Dritter Auftritt.
Die Scene stellt das Zimmer des Pinzenzo vor.)

Pinzenzo (allein, er sitzt in tiefen Gedan=
ken versunken.)

Nun also keine Hoffnung mehr; alles — alles,
meine Ruhe — mein einziger Trost ist hin — wäre
ich lieber immer in dem niedrigen Stande geblieben,
ich war damals glücklich, fühlte mein Unglück nicht,
allein, ich mußte Karln kennen lernen, und er —
er war Ursache, daß ich nun Höllenpein seinetwegen
leiden muß (betrachtet das Gemälde Karls, das an sel=
her Wand hängt) — wie du da mit stolzem Blicke
herablächelst! —, wie du dich weidest an meinem
Schmerze — warum mußtest du gerade Leonoren
kennen lernen? — Aber was murre ich? — Soll
ich meinen Freund beneiden — nein! ich will nicht
noch

D 4

noch diesen stillen, den Engel vergossen, die ich lebte — so bald gesagt, mein Inneres fühlt das Unmögliche davon — was kommt mir da für ein Gedanke? — vielleicht kann es doch noch geschehen, wenn zum Beispiel — o wenn es geschähe! wenn der alte Sirway diese Heirath mißbilligte — wenn er — so Pinzenzo! wie kannst du an diesem so mit Entzücken denken? kaum nimmst du dir etwas vor, bekräftigst es mit feyerlichen Schwuren! und ein Hauch sollt alles zerstören? Pinzenzo! lerne Mann seyn — was höre ich für ein Geräusch? — wer kömmt mich zu stören? — Ha! Karl!

Vierter Auftritt.

Pinzenzo und Karl.

Pinzenzo. Nun Karl! wie ists, hast du schon deinen Vater gesprochen?

Karl. Nein, noch nicht, eben kam ich nach Hause, so begegnete mir ein Unbekannter, und gab mir einen Brief, ich erstaunte, und noch mehr, da ich die Schrift meiner Leonore erkannte.

Pinzenzo. Und was schrieb sie dir?

Karl. Stelle dir nur vor, sie hat ihre wirkliche Mutter gefunden, höre nur zu, was sie mir schreibt! „Bester! du wirst dich wundern, einen Brief von mir „zu bekommen, vielleicht mag dich wohl der Anblick „desselben erschreckt haben, allein es ist mir seit der „Abwesenheit zu viel Freude begegnet, als daß „ich davon hätte schweigen können, ich konnte also

„ich

„keinen Augenblick ermanglen laſſen, dir davon Nach-
„richt zu geben. Stelle dir mein Glück vor, Karl!
„Ich gieng eben in der Stadt herum ſpatzieren, als
„mir ein Weib begegnete, deſſen Anſehen — doch,
„was ſoll ich dir alles weitläufig ſchreiben? dieſes
„Weib nun — war meine Mutter. Karl ich bin
„glücklich, ſie weiß von unſerer Liebe, billiget ſie,
„und du — laß mich nicht lange in einer grauſa-
„men Ungewißheit ſchweben, entdecke mir, was dein
„Vater ſagte, will er uns glücklich machen? —
„Karl ich bitte dich um Gotteswillen, reiße mich
„aus meiner Ungewißheit, wir alle erwarten dich
„mit Freuden, komm nur bald, oder kannſt du das
„nicht, ſo ſchreibe wenigſtens deiner“

                    treuen Leonore!

und nun was denkſt du davon, bin ich nicht recht
glücklich?

  Pinzenzo. O Karl! was kömmt deinem Glücke
gleich, Leonoren zu beſitzen?

  Karl. Nun wie gefiel ſie dir, übertrift ſie nicht
alles, was man von ihr ſagen kann? Iſt ſie nicht
ein wahres Meiſterſtück der Natur?

  Pinzenzo. Ja, gewiß.

  Karl. Freund! bey ihrem Lobe biſt du ſo kalt-
blütig, du fühlſt nicht was Liebe iſt.

  Pinzenzo. Was kann ich dir mehr ſagen, Leonore iſt das herrlichſte Geſchöpf, iſt ein Engel.

  Karl. Wenn wir einſt mit einander leben werden, wenn unſere Seelen nur eins, wenn wir ganz
im Genuß unſchuldiger Freuden reiner Liebe ſeyn,
dann Freund mußt du bey uns bleiben, wir wollen

                dann

dann unser Glück mit dir theilen, wollen ganz glück=
lich seyn.

Pinzenzo. Warum sprachst du noch nicht mit
deinem Vater?

Karl. Eben als ich den Brief bekam, trat ich
in mein Haus, nun entflog mir der Gedanke an
meinen Vater, und ich eilte zu dir, ich weiß du
nimmst Theil an meiner Freude.

Pinzenzo. Ja, herzlichen Antheil nehme ich; al=
lein wenn ich an deiner Stelle wäre, ich könnte nicht
so lange den Augenblick hinausschieben mit dem Va=
ter zu reden, das ist doch noch das einzige Hinder=
niß, was dir zur Vervollkommnung deines Glücks
abgeht.

Karl. Heute Freund, wird meine Liebe offenba=
ret, heute mein Schicksal entschieden — Gott! —
wäre der heutige Tag schon zu Ende.

Pinzenzo. Zweifelst du etwan an einem guten
Erfolg?

Karl Nein, mein Vater ist gütig, ich bin ja
sein einziges Kind, er liebt mich, vielleicht wird er
anfangs toben, seine väterliche Güte wird aber doch
endlich zurückkehren, er wird uns verzeihen, wir
werden dann zu seinen Füßen fallen, Leonore wird
seine Knie umfassen, er wird doch ein Herz haben—
segnen wird er uns.

Pinzenzo. Ich wünsche es dir, du bist's werth.

Karl. Wenn dann der Vater einwilligt, dann —
dann will ich zu Leonoren fliegen, ihr diese Nach=
richt ankündigen, mich zu den Füßen ihrer Mutter
                                        wer=

Herzen, welch angenehmes — welch entzückendes
Bild!

Pinzenzo. Wird der Vater nicht etwan Anstöße
wegen Leonorens geringer Herkunft finden? wird er
es nicht übel nehmen, wenn er sieht, daß sein Sohn
auf den er seine einzige Hoffnung baute, sich so weit
herab läßt?

Karl. Nein, so wird er nicht sprechen — ich habe ja auch ein Herz, muß es eben eine Lady seyn?
die mich zur Liebe reizen sollte? läßt sich Liebe zwingen, und könnte ich mir wohl lieber mit allen Schönheiten der Natur geschmückt, mit Reichthum und
Titeln in Menge beglückt, auf was nur der stolze
Wahn achtet, wenn sie nicht mit einem edlen Herzen begabt wäre? — schlecht genug mit denen jetzi-
gen Modeverbindungen, wo man nur nach Stand,
nach Reichthum schaut, pfui! ist das Liebe? kann
man dabey glücklich seyn? nein! um alles verlaß
ich Leonoren nicht, und möchte man mir die ganze
Welt mit allen Reichthümern geben, Leonore erhält
bey mir den Preis, mein Vater denkt gewiß auch
so, er liebte ja auch, hat auch ein Herz.

Pinzenzo. Du schmeichelst dir zu viel; so viel
ich von ihm reden hörte, soll er im Punkte des Stan-
des sehr strenge seyn, nur eine Lady ist nach ihm eines Lords würdig Hast du keine Vermuthung, warum er dich rufen ließ?

Karl. Keine gewisse, doch ich glaube, eine Kleinigkeit ist Ursache daran, er sucht mich in die Dienste
des Königs zu bringen, sein genauer Umgang mit
dem Lord Selton giebt mir dazu noch größere Muth-
ma-

maßungen; schon öfters gab er mir dergleichen zu
verstehen — aber nun ist es Zeit, daß ich mich entferne. Lebe wohl Freund, denke unterdessen an mich.

(Karl ab)

Pinzenzo. Lebe wohl!

Fünfter Auftritt.

Pinzenzo (allein)

Ja Karl, deine Wünsche werden erfüllt werden —
glücklicher Mensch! wie er mir alle, den geringsten
seiner Gedanken anvertraute — wüßte er — könnte er in das Innere meines Herzens hineinsehen,
nein! ich verdiene seine Güte nicht — noch immer
schwebt Leonore vor meinen Augen — sie fand eine
Mutter sagte Karl, glücklich ist sie — eine Mutter
— o hätte ich meine Mutter noch! — Ein Gedanke an sie, reißt mich in tiefe Melancholie — könnte
ich ihr nur bald folgen! — was ist das Leben? ein
wahres Nichts, wir werden geboren um ein Spiel
der Menschen zu seyn, und dann war alles ein Traum—
Todt! — ein Augenblick der alles zernichtet, was
Jahre lang mit Mühe unternommen worden — ein
Augenblick — ein gefürchteter für schwache Geschöpfe, die sich zum Ball der Menschen gebrauchen lassen, oft aber ein gewünschter, angebeter — der
einzige Trost vieler Unglücklichen — es ist doch ein
lächerliches Ding mit dem Menschen, der sich um
alles krümmt, Plane erdichtet, selbe bis zum Him-

mel

mel erhebt, die Welt schreit von ihm, sein Name
erschallt überall — er stirbt — nun liegt er auf seinem Todtenbette, und sinnt pathetisch nach, weg
sind die Plane, weg der Ruf, weg sein Name —
ihm — dem Kronen unterwürfig waren, vor dessen
Namen alles zitterte, der Länder eroberte, Ungeheuer that, ist nun einem Bettler gleich, er wird die
Speise der Würmer, denen er sonst oft seine Unter-
thanen zur Speise gab — Stand, Reichthum, Adel,
was ist das? kann es was anders seyn als ein Vor-
urtheil, haben wir denn nicht unser Ansehen blos
dem Schneider zu danken, der uns ziert, nach dem
Tod sind wir doch alle gleich? Karl du redest so viel
von Glück — in was besteht dann das Glück eines
Menschen, dem Zufalle unterworfen, wir schweben
hier auf dem Meere, wir werden hin und her ge-
worfen, und es geht doch immer aufs nemliche, wir
suchen und finden doch nichts.

Sechster Auftritt.

Graf Glosti und Voriger.

Pinzenzo. (erstaunt, bey Seite) Ha! wer ist das?
Glosti. (sehr höflich sich verbeugend) Verzeihen Sie
mir meine Freyheit, ich habe doch die Ehre mit dem
Maler Pinzenzo zu sprechen?
Pinzenzo. Wenn Sie das Ehre nennen, so fallen
die Ehren ziemlich tief herab, ich bin der Maler den
Sie suchen, was verlangen Sie mein Herr?

Glo-

Glosti. Nichts, gar nichts, es freut mich Gelegenheit zu finden mit Ihnen Bekanntschaft zu machen, ich bin der Graf Glosti — vermuthlich wird Ihnen mein Name bekannt seyn, mein Vater begleitet eine der ansehnlichsten Chargen am Hofe.

Pinzenzo. Sie haben zu viel Güte, Graf, daß Sie mich würdigen zu einem würklich noch elenden Mänger in der Malerey —

Glosti. Nicht doch, — nicht doch, Ihre Kunst ist bekannt, in der ganzen Stadt bekannt, Ihre Werke zeichnen sich überall aus, man lobt sie, man rühmt nur den Pinzenzo, ich bin auch ein Liebhaber der Kunst, verstehe vielleicht etwas davon, was ich meinen Naturgaben zu verdanken habe, ich komme also zu Ihnen, Sie ganz in Ihren Werken kennen zu lernen, zeigen Sie mir also — allein, ich fürchte Ihnen beschwerlich zu fallen.

Pinzenzo. Graf, Sie sind zu gütig, vielmehr habe ich Ursache zu fürchten, Ihnen mit meinen Mängereyen zu langweilig zu seyn, ich bin erst ein Anfänger der Kunst, ich bemühe mich selbe weiter zu bringen; allein das Ziel, nach dem man zu gelangen trachten sollte, ist für mich zu hoch, als daß ich nicht davon abgeschreckt, und überzeugt wäre, nie im Stande zu seyn, es so hoch bringen zu können.

Glosti. Possen! Ihre Werke beweisen gerade das Gegentheil, ganze Provinzen werden sie kennen lernen.

Pinzenzo. O Graf! was wird nicht alles von einem guten Maler erfordert, der Natur nachzukommen! Und wer kann es wagen, selbe zu treffen, die

schon

schon an Schönheit alles übertrift, hätte unsre Hand
solche Leichtigkeit im malen, wie, vielleicht unsre Einbildungskraft lebend ist, wie wir uns die Bilder in
der wahren Natur vor Augen stellen, o, dann könnte
es uns gelingen!, nur wenige sind so hoch hinaufge-
kommen. Malen ist keine Kunst, allein darauf kömmt
es nicht an, jeder Strich, jeder Punkt macht einen
ungeheuren Unterschied in jedem Gemälde, betrachten
Sie dies. Graf (zeigt ihm ein Gemälde) dies stellt
die beleidigte Medea vor, was denken Sie davon,
Graf? — Wie ich es zeichnete, war meine Einbildungskraft auf das höchste gespannt, ich wollte Zorn,
Eifersucht, Rache gekränkter Liebe in ihr anzeigen, o
was verlangt dabey die Kunst nicht? die Kinder um
sie, die mit Liebe, unschuldsvollen Augen sie ansehen, und dennoch vor Furcht der feurigen Blicke, die
ihre Mutter auf sie wirft, zittern, ich bildete mir
damals so viel ein, der Natur Genüge geleistet zu
haben, das Bild war fertig, und ich betrachtete es
noch einmal, den Eindruck, den es nun auf mich
machte, war schon geringer, allein Eigenliebe machte,
daß ich damals über die, einem andern gewiß auf-
fallenden Fehler hinausgieng, noch war ich zufrieden. Ich legte das Bild weg, nach langer Zeit
ergriff ich es wieder, und erst dann erkannt ich,
daß diese Medea eines Stümpers Arbeit war, daß
dieser Zug hier bey dem Auge ganz einem andern Karakter der entflammten Medea gegeben hätte, und
dann Graf, war meine hohe Einbildung auf einmal
verschwunden.

Glo-

Glosti. Mir kömmt dieser Fehler nicht so auf=
fallend vor, das Unschuldige dieser zwey Kinder finde
ich über die maßen gut getroffen.

Pinzenzo. Sie wollen mir schmeicheln; auch an
diesen Kindern ists nicht ganz, wie es seyn sollte,
mit einem Wort, wo ich mir schmeichelte, daß mei=
ne Hände mit Götterkraft belebt wären, so sah ich
zulezt, mein großes Werk wäre ein wahres Nichts—
(ein andres Gemälde zeigend) und dieses hier Graf!
auch in Zeichnung eines solchen Gemäldes war mein
ganzes Wesen, mein alles auf das höchste gespannt,
ich nahm mir vor in diesem sprechenden Gesichte alle
Empfindungen auszubrücken — wollte vorstellen, als
wenn diese Person allen möglichen Antheil an diesem
vor ihr aufgeschlagenen Buche nähme, sie sollte gleich=
sam jedes der darinn enthaltenen Worte mit Gierig=
keit verschlingen, nur auf das Buch mit starr gehef=
teten Augen sehen, aber — was nahm ich mir nicht
vor? was verlangt die Kunst nicht dabey? wenn
man der wahren Natur folgen wollte, ich betrachtete
oft dies Bild, betrachtete es tausendmal, zergliederte
te es, alle einzelnen Theile kamen mir sehr gut vor,
nichts schien mir wider die Regel gefehlt zu seyn,
das Auge war in seinem gehörigen Grade auf das
Buch hinstarrend, die Blicke zeigten Gierigkeit des
Lesers an, die Falten im Gesicht schienen mir gut
angebracht, die sich schwellenden Adern, die die
Erhitzung des Bluts in dieser Person, durch die
Eindrücke des Buchs gerührt, schienen mir gut, na=
türlich zu seyn. Die Hand vor der Stirne, auf die
sich dieser schwermüthig denkende Kopf stützt — mit

ei=

mit einem Wort, ich zergliederte dieß Gemälde
in alle Theile, in jedem schien es mir der Natur
Gnüge geleistet zu haben, und was war es im gan=
zen — ein Werk ohne alle Empfindung, man er=
räth was es hätte vorstellen sollen, es bedarf frey=
lich keiner Ueberschrift — allein man betrachtet es
mit einem Ueberblick — mit Gleichgültigkeit, von
der Natur war ich noch weit entfernt, und werde
ihr nie gleich kommen, meine Kunst bleibt Stüm=
perey.

Glosti. Sie verfahren mit ihren Werken zu streng
(das Gemälde Karls bemerkend) aber was mir auf=
fällt, ist dieses hier; ich kenne eine Person die diesem
Bildniß gänzlich gleich sieht, sollte es nicht Karl
Sirway seyn?

Pinzenzo. Ja Graf, es ist des jungen Sirway
Bild.

Glosti. Wie? er findet auch in Ihrer Gallerie
Platz? Karl Sirway? — und noch dazu mit lau=
ter Grazien umrungen — Karl Sirway?

Pinzenzo. Und das wundert Sie? kennen Sie
diesen Karl, diesen edlen Menschen, dieses Muster
an Güte und Edelmuth? ihn, der —

Glosti. Nun Pinzenzo! Sie loben ihn noch (sich
sehr intressant stellend) verzeihen Sie, das verstehe
ich nicht.

Pinzenzo. Wie sollt ich ihn nicht verehren, ihn,
dem ich mein Glück zu verdanken habe, wissen Sie
Graf — ihm dank ich mein Leben — alles —
ohne seine Menschlichkeit, was würde ich seyn?

E   Glo=

Glosti. (bei Seite., aber so das es Pinzenzo ver=
stehen kann) Soll ich ihn in seinem Irrthum lassen?
verdient Karl noch länger seine Freundschaft?

Pinzenzo. Graf! Sie redeten da, was ich zwar
nur halb verstund, was mir aber —

Glosti. Nein Pinzenzo! Lieben Sie nur immer
Karln, Sie finden an ihm gewiß einen Freund (höhnisch)
den zärtlichsten aufrichtigsten Freund.

Pinzenzo. (es bemerkend) Was ist dies? Ihr
höhnisches Lächeln — Ihre Reden —

Glosti. Sirway liebt Sie von seiner Seele, er
denkt nur an Sie, Sie müssen sich glücklich schätzen
eben ihn gefunden zu haben, es ist der edeldenkenste
Mensch, ha, ha, ha.

Pinzenzo. Um Gotteswillen Graf! erklären
Sie mir dies, Ihr geheimnisvolles Wesen — er=
klären Sie mir, ich verstehe keine Silbe von dem,
was Sie sprachen.

Glosti. Nein Pinzenzo! fordern Sie keine Er=
klärung von mir, Sie lieben Karln zu sehr, als daß
ich so unmenschlich handeln sollte, Zwietracht zu stif=
ten, wenigstens in Ihnen einen Verdacht zu erwe=
cken. Noch einmal fordern Sie von mir keine Er=
klärung, ich will nicht der seyn, der Ihren Karl
kennen lernt, lieben Sie ihn nur, allein die Zeit soll
Ihnen lehren, daß —

Pinzenzo. O unterbrechen Sie nicht — nun
Graf?

Glosti. Ich habe nur zu viel geredet! Leben Sie
wohl Pinzenzo! und denken Sie an mich. (will gehen)

Pin=

Pinzenzo. (ihn zurückhaltend) Bleiben Sie uns Himmelswillen! — Ich laffe Sie nicht fort —

Glofti. Und was wollen Sie von mir?

Pinzenzo. Eine Erklärung deffen, was Sie mir fagten — entdecken Sie mir — follte denn Karl nicht mein Freund feyn? — Graf! reiffen Sie mich aus meiner Unruhe.

Glofti. Nun denn — Sie zwingen mich — ich wollte fchweigen, wollte es der Zeit überlaffen Ihnen die Augen zu öffnen, allein Sie zwingen mich — und doch möchte ich noch Sie in Ihrem Irrthume laffen.

Pinzenzo. Haben Sie Barmherzigkeit mit mir, entdecken Sie mir alles, handeln Sie gegen mich als Freund — Sagen Sie, ift Karl nicht mein Freund?

Glofti. Unglücklicher Menfch! daß Sie so lange in Irrthum fchweben mußten, den für Ihren Freund zu halten, der Sie zum Gefpötte, zu feiner Unterhaltung hatte.

Pinzenzo. Wie? Karl Sirway?

Glofti. Ja Freund! Sie waren im Irrthume, da Sie glaubten an Karl einen Freund zu finden, feine Empfindeley, fein edeldenkendes Wefen, war Verftellung.

Pinzenzo. Verftellung? — Karl! großer Gott! nein! er liebt mich, er ift mein Freund, er fchwur es mir zu.

Glofti. (halb zornig) Nun ja, er liebt Sie, ift Ihr Freund, trauen Sie nur feinen Schwüren, weil es Schwüre Sirways find — laffen Sie mich Pin-

zen-

zenzo! lieben Sie ihn nur fort, und dann — wenn
es zu spät seyn wird — dann denken Sie an mich.
(will abgehen)

Pinzenzo. (erhitzt ihm zu Füßen fallend) Nein —
bleiben Sie — verzeihen Sie mir meinen Zweifel,
entdecken Sie mir alles.

Glosti. Sie wollen ja nicht, wollen Ihrem Freund
nicht trauen.

Pinzenzo. Ich will Ihnen ja glauben! — noch
einmal verzeihen Sie! reden Sie nur, o zerreissen
Sie ganz mein Herz.

Glosti. Wie konnten Sie ihn so lange lieben,
merkten Sie denn seine Verstellung nicht?

Pinzenzo. Ja — nun erkenne ich ihn — den
Verräther — die Liebe mit Leonoren — seine Heirath mit ihr —

Glosti. (bei Seite) So? schon verheirathet, bravo bravo, der Fuchs fällt selbst in die Falle, Pinzenzo erspart mir eine Frage darnach) — (laut) auch
dieß that er uns —

Pinzenzo. Weil er vielleicht gar wußte, daß
ich sie liebte — daß sie mein Abgott wäre —

Glosti. Sie sagten, Karl wäre mit ihr verheirathet — auch in dem hat er seine Freude mit Ihnen, er weiß ihre Liebe — hat aber damit seinen
Spaß — in allen Gesellschaften — schon der Name Pinzenzo kömmt ihm lächerlich vor.

Pinzenzo. Nun! ich ertrage dieß nicht, so habe
ich denn keinen Freund mehr? —

Glosti. Pinzenzo! nicht wahr, Sie lieben diese
Leonore? — wer ist sie denn? — wo wohnt sie?

Pin=

Pinzenzo. Sie ist ein armes Bürgermädchen, ohne Eltern, verlassen, lebt mit einem alten Weibe allein, sie wohnt auf dem Martinsplatz, in einem elenden Zimmer, und muß da ihr unglückliches Leben verhauchen.

Glosti. Und Karl ist verheirathet mit ihr?

Pinzenzo. Seit verfloßener Woche.

Glosti. Freund! er heirathete sie blos, um an ihrer Qual ein Vergnügen zu finden.

Pinzenzo. So muß denn alles Unglück über mich stürzen? — muß ich denn immer mit Elend beladen seyn?

Glosti. Sie dauern mich! nein Pinzenzo, das sollen Sie nicht, Leonore soll die Ihre werden.

Pinzenzo. Graf! was sagen Sie? wissen Sie wohl, daß noch heute Karl aus seines Vaters Händen sie als Braut fordern wird?

Glosti. So! auch das; doch noch einmal, Leonore soll die Ihre werden.

Pinzenzo. Leonore — die Karln liebt? — seine Gattin —

Glosti. Wenn Sie ein edeldenkender Mann sind, wenn Sie Gefühl für Ehre haben, so reissen Sie Leonoren aus dem Irrthum — seine Gattin? — Unglückliches Mädchen! das vielleicht das Süße der Tugend fühlt, du sollst nicht Karln zum Opfer werden — seine Schandthaten sollen vertilgt — du einen Gatten an Pinzenzo finden, der deiner würdiger ist.

Pinzenzo. Wie? Karl sollte auf Leonoren — o Sie sprechen grausende Sachen?

E 3

Glo=

Glosti. Sie kennen ihn nicht ganz, Leonore ist nicht das erste seiner viehischen Begierden, viele schmachten — verfluchen ihn, die er ins Unglück stürzte.

Pinzenzo. Großer Gott! und ich konnte ihn so lang verkennen?

Glosti. Wenn Sie Leonoren aufrichtig lieben, so müssen Sie selbe von dem Abgrunde entfernen, der ihr bevorsteht, retten Sie selbe, entdecken Sie ihr den Karakter Karls, beschreiben Sie ihn ihr ganz, retten Sie selbe noch aus dem Verderben, ehe ihr Unternehmen unmöglich wird, und noch diese Nacht Pinzenzo! Hören Sie wohl zu — noch diese Nacht ist Leonore die Ihrige.

Pinzenzo. Wie? diese Nacht? — Graf! wie das? sie liebt mich nicht, sie haßt mich.

Glosti. Possen, Possen, sie war bisher eingenommen für Ihren Karl, wundert Sie das? ich kenne das schwache Geschlecht, und besonders eine solche Art wie Leonore, was brauchts da viel Wesens, Dankbarkeit wird sie an Sie fesseln, probiren Sie mit Güte, hilft diese nicht, dann muß Gewalt gebraucht werden, mit einem Wort, Sie lieben Leonoren, und noch diese Nacht sollen Sie selbe besitzen; aber versprechen Sie mir Verschwiegenheit, genaueste Verschwiegenheit, Karln dürfen Sie nichts merken lassen — Versprechen Sie mirs?

Pinzenzo. Wie sollte ich es nicht? wenn ich dadurch in Besitz Leonorens komme, ich schwöre es Ihnen zu, niemand, keine Seele soll etwas erfahren—

Gnütiger Freund!

Glo=

Glofti. Nun also — seyn Sie auf alles gefaßt, Sie müssen Leonoren entführen.

Pinzenzo. (erstaunt) Entführen?

Glofti. Ja Pinzenzo, dieß ist das einzige Mittel Leonoren in Ihre Hände zu bekommen, sich glücklich zu machen. Sie müssen heute Nacht um 2 Uhr vor Leonorens Hause seyn, diese wird schon davon benachrichtiget werden, da verlassen Sie sich auf mich, durch ein gewisses Signal lassen Sie dann Leonoren Ihre Ankunft wissen, zum Beispiel, durch einen Pfiff, beim Lauenzerthor wird schon ein Wagen auf Sie warten, Sie auf meine Güter in Sicherheit zu bringen, an Geld wird man Sie schon versehen und Sie können dann weiter reisen — die Fenster Leonorens gehen ja auf die Gasse?

Pinzenzo. Ja, aber wird Leonore einwilligen?

Glofti. Das überlassen Sie mir, nur Verschwiegenheit, und hüten Sie sich ebenfalls heute noch zu ihr zu gehen.

Pinzenzo. Dann fällt mir noch etwas ein, ich vergaß es Ihnen zu sagen; eben kam Karl zu mir, und sagte, Leonore hätte heute ihre wirkliche Mutter gefunden.

Glofti, (nachdenkend) Ja, das ist etwas anders — das könnte unsern Plan verderben.

Pinzenzo. Wird sie wohl sich losreissen lassen von ihrer Mutter? die sie heute zum erstenmal sah? und besonders, wird sie es für nöthig finden wegzureisen, wenn Sirway —

Glofti. Das ist verdammt, das verdirbt den ganzen Streich — doch was macht das Pinzenzo,

E 4 Karl

Karl sagte, er würde heute der Heirath wegen mit
seinem Vater sprechen — ihn muß ich verhindern zu
Leonoren zu gehen — und — vortreflich — (laut)
Pinzenzo! verlassen Sie sich ganz auf mich, auch
dieses Hinderniß werde ich heben, und noch einmal,
Verschwiegenheit, Sie dürfen sich selbst nicht erkühe=
nen, bey Vollendung ihrer That nur ein Wort über
Ihre Lippen fahren zu lassen, versehen Sie sich mit
einer Larve und — Pinzenzo (ihn küssend) Sie wer=
den glücklich seyn.

Pinzenzo. (ihn umarmend) Dank — tausend
Dank, großmüthigster Freund!

Glosti. Nun leben Sie wohl, vergessen Sie nicht
Punkt zwey Uhr muß die That geschehen, zur Sicher=
heit hüllen Sie sich in einen Mantel; seyn Sie ver=
schwiegen gegen Jedermann, lassen Sie sich nichts
von diesem Auftritte merken, damit Sie keinen Ver=
dacht erregen, auch zu Leonoren, wie gesagt, gehen
Sie nicht, ich werde das übrige schon besorgen, wie
ich es thue, werden Sie später erfahren. Ihr Un=
glück ist auch bis zu meinen Ohren gedrungen, als
Warner kam ich hieher, als Vetter gehe ich von
dannen, leben Sie wohl! (beiseite) Der Narr ist
gefangen, nun zu Konstanzen.

Pinzenzo. Nehmen Sie meinen aufrichtigsten
Dank mit. Leben Sie wohl.

(Glosti ab)

Siebenter Auftritt.

Pinzenzo (allein)

Nun also ist Karl entlarvt — kann es solche Un=
geheuer geben? — der, den ich für meinen einzigen
Freund hielt, auch dieser mußte mich betrügen, er
schwur mir Freundschaft zu — Freundschaft, um
mich mit tausend Qualen beladen zu sehen? er ret=
tete mich, um mich in Martern zu stürzen; und der
Freude zu genießen, einen Unglücklichen Leiden zu
sehen? und ich konnte ihn so lange lieben? mir fiel
seine unnatürliche Verstellung nie auf — Hölle und
Teufel — in solche Schlangenhände mußte ich ver=
fallen? also war das die Ursache, warum er mit so
einem Eifer mich zu Leonoren führen wollte? um sich
dann an meinem Leiden zu erquicken? und sein freu=
diges Lächeln fiel mir nie auf? wie mir doch nun
alles so klar ist? doch! ich bin nicht allein das Spiel
seiner Laster, auch sogar Leonore, die ihn so liebt,
ihn anbetet, auch die wollte er in seinen barbarischen
Klauen haben — schändlich — abscheulich — un=
erhört — o möchte ihn doch die Erde auf immer
verschlingen, möchte er einen marternden Tod —
möchte ihn alsdann sein Gewissen anklagen, alle sei=
ne Schandthaten in seinem Gedächtnisse aufsteigen,
ihn mit tausendfachen Qualen peinigen, o könnte
ich, Leonoren an der Hand führend, bey diesem
gräßlichen Schauspiel gegenwärtig seyn, und mit fürch=
terlicher Stimme schreyen: Karl, kommst du? —

wenn

wenn er dann seine brechenden Augen auf uns wirft,
unser Anblick ihn wieder von neuem tausendmal pei=
niget, alle gräßliche Bilder ihn umschweben, und
er dann seine vergiftete Seele in schmerzlichen Zuckun=
gen aushauchet — könnte mich denn Karl noch rüh=
ren? dieses Schauspiel Mitleiden in mir erwecken?—
nein! — nein! freuen würde ich mich — o welcher
Gedanke! — tröstende Hoffnung — Graf! was
bin! ich dir nicht für Dank schuldig — du machst
mich glücklich — giebst mir Leonoren — noch heute
diese Nacht ist der Engel mein — es ist kein Traum,
alles ist wahr, noch diese Nacht bin ich in den Ar=
men meiner Leonore — An Glosti finde ich einen
wahren Freund, Freude wohlzuthun, mit Uneigen=
nützigkeit verbunden, ist sein Karakter, doch — nun
will ich eilen alle Vorkehrungen, alles nöthige zu
dieser Entführung vorzubereiten — stille mein Herz,
schlage ruhig, bald ist Leonore dein, und Pinzenzo
der glücklichste der Menschen! (ab.)

Achter Auftritt.

(Die Scene stellt das Zimmer Konstanzens vor.)

Konstanze liest in einem Buche, lange Pause,
dann Glosti.

Ein Bedienter. Graf Glosti will aufwarten.
Konst. Er soll kommen, ich erwartete ihn schon
lange. (Glosti tritt ein, Bedienter ab) Nun wie gehts
Graf

Graf mit unsrer Sache? haben Sie den Maler ge=
sprochen?

Glosti. Gesprochen, und alles gethan, mehr als
sonst einer hätte thun können, ich verdiene wirklich
Konstanzens Freundschaft (für sich) o Konstanze, das
Ding will ich doch schon so zusammenfädeln, daß
mit deinem Wunsche auch Karl vertilgt werde, er
ist es, der mich noch in meinem Glücke hemmt, o!
du must mein werden.

Konst. Ich danke Ihnen Graf! wie könnte ich
mir etwas anders versprechen von einem Manne wie
Sie? mit so vielem Geiste, so vieler Vernunft, was
kann einen glücklichern Ausgang haben, als was Graf
Glosti unternimmt; doch zur Sache, was haben
Sie entdeckt?

Glosti. Nichts mehr, als die Ursache der ent=
setzlich tiefen Schwermuth des Edrway — eine Hei=
rath —

Konst. Heirath?

Glosti. Ja, ein elendes, bürgerliches, gemeines
Mädchen zog er einer Konstanze vor; nun wird doch
wohl Ihre Liebe zu ihm erloschen seyn?

Konst. Eine Heirath also? also doch wahr wie
ich fürchtete, o! Glück zu dem schönen Brautpaar!

Glosti. Ja, Glück zu, besonders um die zweite
Mitternachtsstunde, Sie sollen all's erfahren, ich
gieng zu dem Maler unter dem Vorwand seine Ge=
mälde zu betrachten, wie Sie mir befohlen; er zeig=
te mir etliche davon, redete mir nun so viel daher;
indessen dachte ich auf eine Gelegenheit zur Sache zu
kommen, das Bildniß Karls, das in des Malers

Zim=

Zimmer-hieng, gab mir Gelegenheit bazu, er war
im Lobe seines theuren Siriway ganz ausser sich, unter das ich einen Funken von Verdacht warf; sein
Herz fieng ihn gierig auf, es war in Flammen, früher als ich mir je einbildete; er liebt auch das Mädchen das seinen theuren Freund fesselt, ich wußte
nun Karln in so einer Gestalt zu malen, daß Pinzenzo einen Abscheu vor ihm bekam, nun war mir
dieser in Flammen gesetzte Jüngling zum Spiel, ich
konnte mit ihm machen was ich wollte. Ich versprach ihm Leonoren, er war vor Freuden ausser
sich, ich versprach ihm alles zu besorgen, ein Wagen
würde seiner warten, ihn in Sicherheit bringen, nur
möchte er vor ihrem Hause um zwey Uhr Nachts
seyn, und sie vermöge eines gewissen Signals entführen. Ihm gebot ich Verschwiegenheit, er versprach
mir alles, Leonore hat heute ihre Mutter gefunden,
freylich ein kleines Hinderniß, doch meinem Plan
nicht schädlich. Ich erfuhr, heute hätte sich Karl
entschlossen, von seiner Liebe mit seinem Vater zu
sprechen, Leonore weiß es, nun müssen zwey falsche
Billets für den sichern Ausgang der Sache verfer-
tigt werden, eines an Leonoren von Karln, in dem
er ihr schreibt, sein Vater wäre über seine heimliche
Heirath äußerst entrüstet, drohte ihm mit seinem Fluch,
wenn er nicht die ihm vorgeschlagene Dame zur Ge-
mahlin nehmen wolle. Karl nähme sich denn vor,
sie in der Nacht um zwey Uhr mittelst eines gewissen
Signals, und alles weitern, wovon dieses Billet
Meldung thun wird, Pinzenzo aber unterrichtet ist,
entführen. Leonore wird denn freilich immer an

ihre

ihre Mutter denken, allein der Gedanke mit ihrem
geliebten Karl zu entfliehen, wird doch siegen —
darauf verlaß ich mich.

Ronst. Vortreflich! für so einen Kopf hätte ich
Sie nicht gehalten, aber wer wird dies falsche Billet
schreiben? wer wird die Schrift Karlns so genau
nachahmen können?

Glosti. (bey Seite) Thörin! die du glaubst, meine Arbeit gälte blos dir. (laut) Dies nehme ich auf
mich, das Talent Schriften nachzuahmen besitze
ich, und ist mir in manchen Fällen schon sehr gut
zu statten gekommen, ich habe auch hier (ein paar
Briefe zeigend) ein paar Briefe, die mir einst Karl
schrieb, nach diesen muß ich mich richten, diese sollen mir zum Muster dienen.

Ronst. So vortreflich auch Ihr Gedanke ist, so
haben Sie sich doch nicht vor allem gesichert, Sie
sagen, Karl spricht heute seiner Liebe wegen mit seinem Vater, unfehlbar wird er gleich darnach zu Leonoren eilen, um ihr den Ausgang der Sache zu erzählen, und dann wäre das falsche Billet zu nichts.
— Dem muß vorgebeugt werden.

Glosti. Freilich, auf dies wurde auch schon ge-
dacht, und ich habe auch schon ein Mittel in Händen, diesen Besuch zu verhindern, doch bevor noch
eine Frage, herrscht noch Liebe in Ihrem Herzen
gegen Karln?

Ronst. Nein, jeder Funken davon ist erstickt, nur
nach Rache dürstet mein Herz, nur Karln tief her-
untergebeugt zu sehen, ihn dann meine Macht em-
pfin-

pfinden zu laſſen, nur das iſt mein ſehnlichſter Wunſch, und auf das richten ſich alle meine Gedanken!

Gloſti. Auch in dieſem ſollen Sie befriedigt wer= den, allein! Lady, kann ich auf Ihre Erkenntlich= keit Rechnung machen? —

Ronſt. Rechnen Sie ganz gewiß darauf, ich werde nicht undankbar ſeyn, ich kenne die Größe Ihrer mir erwieſenen Dienſte, und vielleicht (die Au= gen gegen den Boden ſingend) — vielleicht ſoll mein Herz — meine Hand — Gloſti! Sie werden zufrie= den ſeyn, Ihre Wünſche ſollen erfüllet werden.

Gloſti. (ihr zu Füßen fallend, durch dieſe Worte auſſer ſich geſetzt) Alſo darf ich hoffen? darf ich mir ſchmeicheln? — göttliche Konſtanze!

Ronſt. Stehen Sie auf, und erklären Sie mir weiter die Sache. Nun, wie wollen Sie dieſen Be= ſuch zu Leonoren verhindern?

Gloſti. Dazu ſoll mir ein zweites falſches Bil= let, ohne Unterſchrift aus der Hand eines Unbekan= ten, warnenden Freundes behülflich ſeyn, dieß will ich Karln in die Hände ſpielen, bevor, daß er noch einen Gedanken hatte zu Leonoren zu gehen, in dieſem Billet ſoll er nun erfahren die Treuloſigkeit ſeines Freundes, und ſeiner Gattin, die Entfüh= rung ſoll ihm ſelbſt angekündigt werden, er ſoll Au= genzeuge ſeyn, wie Leonore ſich in die Arme ihres vermeinten Karls wirft, ſeine Rache ſoll entflam= met, und er zum Mörder ſeiner Gattin und Plu= genzos werden, dann ſoll er die Unſchuld Leonorens erkennen, und Konſtanze iſt gerächet — ein Beſuch zu Leonore wird ihm ganz gewiß vergehen — nun!

Sie

Sie reden nichts Konstanze? — gefällt Ihnen denn
mein Plan nicht?

Konst. In der That, noch kann ich mich nicht
gehörig fassen — wo nahmen Sie denn so viele Fer=
tigkeit in Erfindung Ihrer Schurkenstreiche her? —

Glosti. Ja Lady! in unsern Zeiten braucht man
diese Tugend oft, wenn man fortkommen will, ich
wäre vielleicht nicht mehr, wenn ich nicht dieses Ta=
lent der Natur zu verdanken hätte.

Konst. Noch immer bewundre ich Sie, und die
Vortreflichkeit Ihres Planes?

Glosti. Dieser ist noch nichts gegen verschiedene
andere, es ist wahr, dieser Plan kostete mir Mühe,
und wie viel wird mir noch die Ausführung desselben
kosten, allein das Ziel nach dem ich strebe, erleichtert
alles, ich würde noch tausend weit ärgere Plane schmie=
den, um Konstanzen, meiner angebeteten Konstanze,
einen Dienst damit zu erweisen! Zweiflen Sie noch
an dem guten Ausgang der Sache?

Konst. Keinen Augenblick, und wie könnte ich
noch daran zweiflen, da der Ausgang schon Son=
nenklar da ist, wo die Schlingen auf alle Fälle so
gut gelegt sind, daß jeder in die ihm bestimmte fal=
len muß, ohne zu entwischen, oder in eine andere
sich verirren zu können — Glosti! ich kann Ihnen
nicht genug danken, kann Ihnen nicht anders meine
Erkenntlichkeit bezeigen, als wenn — ich Ihren Wün=
schen folge — Graf — Sie lieben mich? — Dank=
barkeit fesselt mich an Sie, und — weg mit der
gezwungenen Schamhaftigkeit, empfangen Sie hier
mit dieser Hand auch mein Herz auf immer —

Glo=

Glosti. (auffer sich vor Freuden) Wie verdiene ich dies Glück? — angebetete Konstanze? —

Konst. Stille, stille! auch von Ihnen verlange ich Verschwiegenheit dieses Auftrittes, und meines Auftrags, den ich Ihnen nun gebe. Sie versprachen Pinzenzo einen Wagen, bestellen Sie ihn noch früher, so um Mitternacht; am Laurenzenthor erwarten Sie dort jemand, der Ihnen durch ein kleines Husten zu verstehen geben wird, daß sie es seye; es ist auch eine Person, die Ihnen ihr Glück zu verdanken haben will, weil Sie nur allein dazu gemacht sind, Personen behülflich zu seyn.

Glosti. Also um Mitternacht? und wer wird denn diese Person seyn? was werde ich zu machen haben?

Konst. Das sollen Sie erst um Mitternacht von dieser nämlichen Person erfahren — doch nun ist keine Zeit zu verlieren, eilen Sie, schreiben Sie die beiden Billets, schicken Sie selbe an ihre gehörige Orte, und machen Sie uns glücklich, vergessen Sie meinen Auftrag nicht, und nun — leben Sie wohl!

(ab.)

Glosti. (ihr noch die Hand küssend) Leben Sie wohl Lady! (allein) Man mag einmal reden was man will, so ist gewiß meine Kunst eine grosse, und glücklich diejenigen, die sich gut darauf verstehen. In den jezigen Zeiten werden sie manche Vortheile daraus ziehen.

(Geht ab.)

Neun-

Neunter Auftritt.

(Die Scene stellt einen Saal im Haus des Lord Sirways vor.)

Lord Sirway allein, in Gedanken versunken.

(Lange Pause) Wo bleibt denn mein Sohn so
lang? — schon so oft ließ ich ihn rufen, und nie
traf man ihn an, nie ist er zu Hause — wahrlich
diese seine Aufführung mißfällt mir im höchsten Grade, und ich finde Ursache etwas zu argwöhnen —
nun muß ich es aber erfahren — ihn an Konstanzen
verheirathen — sie ist aber eine Koquete — eine Koquete im höchsten Grad — wird Karl mit ihr glücklich seyn? — o ja, Konstanze denkt sonst edel, ist
ein schönes, tugendhaftes Mädchen, liebt meinen
Sohn, mein Sohn wird sie auch lieben, und sie werden noch der einzige Trost meiner alten Tagen seyn,
sie werden mir meine erlittenen Unglücksfälle vergessen helfen, und Sorge um ihren alten Vater tragen,
dessen Haare grauen, doch mir deucht, ich höre ihn
kommen — ach! hier ist er.

Zehnter Auftritt.

Sirway und Karl.

Karl. Mein Vater! Sie ließen mich rufen?
Sirway. Ja mein Sohn, allein nie traf man
dich im Hause (mit Güte) ich ließ dich rufen, und
fordre nun Aufrichtigkeit von dir.

F   Karl.

Karl. Was sollte ich einem so gütigen Vater, wie Sie, verhehlen?

Sirway. Du denkst edel, wenn das dein wahrer Gedanke ist.

Karl. Mein Vater, setzen Sie Zweifel in meine Reden?

Sirway. Nein, das nicht, doch oft verschweigen gern Kinder gewisse Sachen ihren Eltern, sie fürchten sich vor Ihnen, allein Karl ist anders, er wird mir nichts verschweigen.

Karl. Gewiß, jeden meiner Gedanken sollen Sie wissen, allein warum ließen Sie mich rufen?

Sirway. Ich liebe dich mein Sohn! du bist mein einziger Trost, lange Zeit bemerkte ich an dir eine gewisse Schwermuth, die dir sonst gar nicht eigen war, du warst stets so munter, immer so aufgeräumt, auf einmal verbreitete sich auf deinem Gesichte ein schwermüthiger Kummer, du findest nun Freude in der Einsamkeit, im Lesen, im Nachbenken, dein Betragen entzieng meiner Aufmerksamkeit nicht.

Karl. Es war nichts mein Vater! — (unruhig werdend) — eine bloße Grille.

Sirway. Was soll ich davon muthmassen, dein Aussenbleiben, das noch immer fortwähret, deine so oft verwirrten Reden, ist das auch eine Grille? verschweige mir nichts mein Sohn! wenn du einen Kummer hast, so hast du ja einen Vater, der dich trösten wird, schütte in mir deinen Kummer aus, offenbare mir alles, du weißt wie sehr ich dich liebe, du findest an mir einen zärtlichen Vater.

Karl.

Karl. Sie haben zu viel Güte gegen mich, bester Vater! mein Aussenbleiben beunruhigt Sie, und es ist wahrlich nichts, Geschäfte, Besuche, Spazier= gänge — Kleinigkeiten sind Ursache davon, es ist wirklich nichts, was Sie mein Vater, beunruhigen könnte, ganz gewiß nichts.

Sirway. Nun ich will dir glauben, will deine Entschuldigung annehmen, und auf die Sache kom= men; mein Sohn! du bist in einem Alter, wo es Zeit ist auf dein Glück zu denken, auf dich baue ich meine Hoffnung, ich bin alt, betrachte diese grauen Haare, meine Jahre fliehen dahin — ich bin nun nahe am Grab.

Karl. O Nein! Sie werden noch lange leben, noch unzählige glückliche Tage genießen.

Sirway. Dein Trost ist unnütz, mein Sohn! ich fühle, meiner Lebenstage werden nur noch wenige seyn, ich möchte doch so gerne dich noch vor meinem Tode versorgt sehen, möchte dich glücklich wissen — wie wäre es, wenn du dir eine Gattin (Karl wird unruhig) wähltest, mit der du glücklich seyn könn= test?

Karl. (immer unruhiger) Mein Vater! —

Sirway. Wie gefällt dir Konstanze, des Lords Seltons Tochter? Nun — du wirst unruhig mein Sohn?

Karl. O lassen Sie mich — ich bin noch jung — und —

Sirway. Nicht zu jung, um deine Liebe mit ei= nem Mädchen zu theilen, das du liebst, Konstanze

F 2   liebt

liebt dich, ist ein schönes Mädchen, das dich glücklich machen kann.

Karl. Es ist wahr, Konstanze besitzt alle mögliche Reize — aber mein Vater — noch habe ich keine Lust zu heirathen.

Sirway. Sohn bedenke! es ist dein Vater der dich darum bittet, nimm Konstanzen —

Karl. Ich kann nicht — ich kann nicht.

Sirway. (in einem strengen Tone, der dann immer wächst) Noch einmal! es ist dein Vater der dich darum bittet — gedenke wohl daran — mein Sohn — nimm Konstanzen!

Karl. (im Streit mit sich selbst, dann entschlossen) Sie wissens — ich kann nicht —

Sirway. Du kannst nicht? Sage lieber du willst nicht, und siehst diese meine grauen Haare, und willst nicht?

Karl. (tobend auf und abgehend) Nein mein Vater! ich schwörs Ihnen zu — ich kann nicht.

Sirway. (sich vor die Stirne schlagend) Ich unglücklicher Vater! glaubte noch einen Sohn zu haben, schmeichelte mir noch Trost zu finden, aber nein — ich habe keinen Sohn mehr — Karl! du willst also Konstanzen nicht?

Karl. Lassen Sie mich noch in meinem Stande, lassen Sie mich —.

Sirway. Schweig, ausgearteter Sohn! du willst nicht? allein bey Gott, du mußt, ich gab mein Ehrenwort ihrem Vater — du mußt — nun! willst du mein Sohn? — Antwort! — Keine Antwort?

wort? Erzürne mich nicht länger, zum leztenmal, willst du Konstanzen?

Karl. O ich unglücklicher Mensch! — mein Vater! allmächtiger Gott! du weißt es — Mein Vater! haben Sie Barmherzigkeit mit mir — ich kann nicht.

Sirway. Nun gut, so treffe dich auf immer—

Karl. Vater! Halten Sie ein — um Gottes- willen halten Sie ein — ich kann Konstanzen nicht nehmen, weil —

Sirway. Nun, weil?

Karl. Großer Gott! — stehe mir bey, erfahren Sie mein Vater — ich bin —

Sirway. Nun! wirds herauskommen? —

Karl. (ihm zu Füßen fallend) Andere Bande — die heiligen Bande der Ehe — o Vater!

Sirway. (auf einen Stuhl sinkend) Verheira- thet? — ich unglücklicher Vater! —

Karl. (seine Knie umfassend) Verzeihen Sie mir! schon lange wollte ich Ihnen meine heimliche Liebe erklären, allein immer fehlte mir der Muth dazu— Verzeihen Sie mir? —

Sirway. Verheirathet! — so ist doch mein Argwohn gegründet! — und mit wem? — etwa? eine Heirath wider deinen Stande, eine Mißheirath?

Karl. Gott! schimpfen Sie Leonoren nicht — diesen Engel! —

Sirway. Wer ist diese Leonöre?

Karl. Ein armes, unglückliches Mädchen, an Tugenden reich, mit allen Schönheiten der Natur

F 3

geſchmückt, ſie liebt mich, ich bete ſie an, nur mit=
einander können wir glücklich ſeyn.

Sirway. Wie Karl? du konnteſt ſo niebrig
benken, ein Burgermädchen ohne alle Herkunft zu
deiner Gattin zu wählen? um daburch die Schanbe
deiner Familie zu werden — ſo weit konnteſt du dich
erniebrigen?

Karl. Aber mein Vater! Sie haben ja auch ge=
liebt, muß denn eben Stand, Reichthum zu unſerer
Liebe beytragen? was iſt das, wenn man kein ebles
Herz hat, läßt ſich Liebe zwingen? Mein Vater!
Sie ſollten Leonoren kennen lernen, Sie würben mir
verzeihen, uns glücklich machen — und an Kon=
ſtanzen wollen Sie mich verheirathen? einer Koquete,
mit einem tückiſchen ſchwarzen Herzen? —

Sirway. Wunderlich! meine Gebuld bricht bey
ſolchen Reden nicht? ich konnte ſo lange zuhören?
dir verzeihen? ha ha ha.   Nur ein einziger Weg iſt
dir zu deinem Glücke übrig.   Höre zu! eine Hei=
rath ohne Einwilligung des Vaters, eine ſolche Miß=
heirath wie die deine, iſt ungültig, ſie wird gebro=
chen werden, und deine Gattin wird Konſtanze;
ober du biſt auf immer mit meinem Fluche beladen,
enterbt, von meinem Hauſe, von meinem Angeſich=
te verſtoßen.   Die Wahl ſteht dir frey, und dann
kannſt du mit Leonoren herumirren, betteln gehen,
und von deinen Kindern als ein nichtswürbiger Vater
einſt verfluchet werden.

Karl. Gütigſter Vater! ſchenken Sie mir Leo=
noren, nehmen Sie ſelbe zu ihrem Kinde auf, verzei=
hen Sie uns, beſter — gütigſter Vater! —

Sir=

Sirway. Kein Wort mehr, ich laß dir Bedenk= zeit bis Morgen, und Morgen soll entweder Kon= stanze deine Frau, oder du auf ewig von mir ver= stoßen seyn.

Elfter Auftritt.

Karl allein, dann ein Bedienter.

Grausamer Vater! unglücklicher Karl! — un= glückliche Leonore! — aber was brauche ich Be= denkzeit? mich von Leonoren zu trennen? von diesem Engel? O nein, nimmermehr! meine Leonore be= haupte ich um alles in der Welt, und sollte ich in dem tiefsten Abgrund schmachten müssen, Leonore bleibt mein — wir werden freilich, unglücklich leben, allein das Vergnügen bey einander zu seyn, wird uns unser Unglück ertragen helfen, wir werden mit ein= ander arbeiten, unser Fleiß wird uns ernähren — wir werden glücklich seyn, Gott kennt unsere Liebe, er wird uns beystehen. (Ein Bedienter tritt ein und bringt Karln einen Brief) Woher kömmt dieser Brief, von der Post?

Bedient. Nein, so eben bracht ihn ein Unbe= kannter, der sich so gleich entfernte.

Karl. Schon gut; (Bedienter ab) die Schrift ist mir unbekannt, doch laß den Inhalt sehen. (liest) „Ein Freund, ein unbekannter Freund schreibt Ih= „nen diese wenige Zellen, die Ihnen zur Warnung „dienen sollen. Die Neigung zu Ihnen, Ihnen et=

„ne Sache zu entdecken, an der Ihnen viel gelegen
„ist; da es Ihr Glück betrift, ist der Grund meines
„Schreibens. Trauen Sie Pinzenzo nicht, Sie wan-
„deln in Irrthum, wenn Sie ihn als Ihren Freund
„ansehen, Sie nährten schon lange eine Schlange in
„Ihrem Busen, er ist Ihr Verräther, erfahren Sie
„nur alles; Pinzenzo ist es, der Ihnen Leonoren
„raubte. Trauen Sie Leonoren nicht, sie liebt ihn,
„er verführt sie, seine Bekanntschaft mit ihr, ist sehr
„alt. Beide wissen sich gegen Sie zu verstellen, um
„so aus Ihrer Leichtgläubigkeit ihren Vortheil zu zie-
„hen, Ihnen meinen Namen zu sagen wäre unnütz,
„denn Sie würden mir doch nicht glauben, da doch
„alles Wahrheit ist. Ich wiederhole noch einmal,
„warne Sie als ein uneigennütziger, aufrichtiger
„Freund, trauen Sie diesen beiden Schlangen nicht,
„beide sind Verräther. Es wird Ihnen alles dieses
„unglaublich scheinen, allein forschen Sie das Be-
„tragen Pinzenzos und Leonorens ganz durch, und
„Sie werden Augenzeuge ihrer schändlichen That seyn,
„heute will Pinzenzo Leonoren entführen, weil sie
„eben zum Unglück ihre Mutter fand, heute Nacht
„um zwey Uhr soll die That vollzogen werden. Kom-
„men Sie also, Karl, wenn Ihnen diese Zeilen
„unglaubwürdig sind, vor das Haus Leonorens,
„Sie werden sich dann selbst überzeugen können, dann
„handeln Sie nach Willkühr, strafen Sie beide Un-
„geheuer und denken Sie an Ihren unbekannten, aber
„aufrichtigen Freund.‟

Wie? Pinzenzo und Leonore sollen mich betrügen
wollen? sollten so abscheulich mich verrathen? nein!

un=

unmöglich! — unmöglich! Leonore die mir Treue
schwur, nur an mich dachte, mir ungetreu? und
Pinzenzo! dem ich alles mögliche Gute erwies, er
sollte mein Verräther seyn? o nein! so leicht betrügt
man mich nicht, o eine Zeile vermochte mir das,
was ich mit Gleichgültigkeit betrachtete, aus einem
ganz andern Gesichtspunkt schrecklich vorzustellen, und
es schien mir nun wirklich in beiden Betragen mehr
Gefälligkeit gegeneinander zu bemerken, als man sonst
bey einem ersten Besuche zu bemerken pflegt, immer
begegneten sie sich mit zärtlichen Blicken, Pinzenzo
wußte oft vor Entzücken nicht was er that, und
Leonore drückte ihn sanft bey der Hand — Sollte es
wahr seyn? — und warum sollte mich dieser unbe-
kannte Freund betrügen? woran er doch nicht den geringsten Vortheil haben kann, er giebt mir ja selbst
Gelegenheit an die Hand, mich von der Wahrheit
zu überzeugen. Je mehr ich nachdenke, je wahr-
scheinlicher kömmt mir alles vor — wenn es wahr
wäre, wenn es würklich so wäre! das weibliche
Herz lernt man nicht so leicht kennen, nur Verstellung herrscht überall — wenn es nur einmal Nacht
wäre, wenn ich nur von dieser gräßlichen That Zeu-
ge seyn könnte, dann — o dann sollte diese Hand,
dieser Dolch mich rächen — wenn sie mich betrügen
sollten, o so sollten beide Ungeheuer dann sterben,
und an ihrem Blute wollte ich mich erquicken — O
Leonore! Pinzenzo mein Verräther? — mein Herz
wallt schon, und all mein Wesen ist gespannt —
Doch ich will mich fassen, und die Stunde mit Ruhe erwarten. (ab.)

F 5   Zwölf-

„lige ein — alle Anſtalten werden dazu gemacht,
„ein Wagen wird uns ſchon erwarten, ein Pfiff wird
„das Signal ſeyn. Nur ſtill muß alles zugehen, dies
„iſt der einzige Weg, der uns zu unſerm Glücke üb=
„rig bleibt. — Bedenke wohl Leonore! denke auf die
„Folgen, wenn wir nicht ſo eilig als möglich dieſen
„Schritt ergreifen, nur mit dir kann ich glücklich
„ſeyn, du wirſt mir in dieſer That einen Beweis
„deiner wahren Treue geben, ich hoffe du wirſt ſie
„billigen — dein getreuer Karl.“

Alſo iſt es ſo weit gekommen? — Grauſamer
Vater! — Urſache meines Unglücks! Entführen! —
du willſt mich meiner Mutter entreiſſen, die an mir
ihren einzigen Troſt findet? — und doch, allmächti=
ger Gott! was ſoll ich thun? — entführen? —
ſchreckliche Tage! oder auf immer meinen Montray
entriſſen werden? — und meine arme, unglückliche
Mutter! ja mein Entſchluß iſt gefaßt, die Liebe ſiegt
über die Vernunft. Karln will ich zugehören, mei=
ne Mutter wird mir verzeihen, ihr Wille war ohne
dies, ihre letzten Tage in einer Einſamkeit zuzubrin=
gen, ſie würde mich nie lange geſehen haben. Ja
Theurer! ich bin dein — wir wollen glücklich
mit einander leben — uns aus den Händen der
Barbaren retten — mich von dir zu trennen iſt Un=
möglichkeit! ich will alles zu dieſer That bereiten —
ſo verſchwiegen als möglich, meine Mutter ſoll erſt
nach der That alles erfahren — in Karls Namen
will ich meine Ruhe finden. (ab)

Ende des zweyten Aufzugs.

Drit-

Dritter Aufzug.

(Die Scene stellt einen Saal in Seltons Haus vor, fängt an dunkel zu werden.)

Erster Auftritt.

Lord Sirway, Lord Selton, mit einander im Gespräche begriffen.

Sirway.

Nein Lord, ich gab Ihnen mein Ehrenwort, es muß geschehen.

Selton. Wenn Sie nichts anders dazu zwingt, als daß Sie mir ihr Ehrenwort gaben, so hats kein Hinderniß.

Sirway. Selton, ich bitte Sie, die Heirath muß vollzogen werden.

Selton. Sagten Sie mir denn nicht, Karl wäre verheirathet.

Sirway. Eine solche Heirath ist ungültig, wenn sie ohne Willen der Eltern geschieht, ich bin Vater — sollte ich nicht meinem Sohne befehlen können — o! das wollen wir sehen, diese Heirath soll getrennt werden, ein elendes Bürgermädchen konnte er erwählen? — und mein Sohn! Karl! du mußteſt alſo Schande über deine Familie häufen.

Selton. Aber er liebt Leonoren, wollen Sie beider Glück ſtören, die für einander geſchaffen ſind; wollen Sie ihrem Sohn eine Gattin geben, die er nicht lieben kann?

Sirway. Er ſoll ſie aber lieben! wird ſie lieben — da verlaſſen Sie ſich auf mich, ich ließ ihm eine ſchreckliche Wahl übrig, Konſtanze oder auf ewig meinen Fluch.

Selton. Wie? Sirway, haben Sie ein väterliches Gefühl? Bedenken Sie was Sie thun, Sie machen zwey Geſchöpfe unglücklich, Karl iſt ihr einziger Sohn, ihr einziges Kind.

Sirway. (etwas gerührt) O ich weiß es, er iſt mein Sohn; ich fühle es nur allzuwohl an der Qual, die ich wegen ihm leide; — allein er iſt auch nicht mein Sohn, wenn er nicht ſeines Vaters würdig iſt, ſein Entſchluß wird es zeigen —

Selton. Sie verfahren mit ihrem Sohn zu voreilig — ich glaub es, laß es ganz zu, daß eine blinde Liebe ihn verblendet habe, allein behandlen Sie ihn mit Güte, laſſen Sie ihn erſt ſeinen Fehler erkennen.

Sirway. Sie reden immer von Güte; nein, mein Sohn muß einen Entſchluß faſſen, morgen noch Konſtanzen oder meinen Fluch, Enterbung, auf immer von ſeinem Vater verſtoßen, nur ſeinem eigenen Schickſale überlaſſen zu ſeyn; iſt es nicht Güte genug, ihm Zeit zum Bedenken zu laſſen? wo der Entſchluß auf der Stelle folgen ſollte? was iſt dann

da-

dabey zu bedenken? Karln wird schon die Lust verge=
hen, mit seiner theuren Leonore herum zu irren, zu
betteln, in äußerster Armuth und Elend zu schmach=
ten. Er wird dann doch lieber Konstanzen zur Gat=
tin nehmen wollen, die ihn liebt, ihn glücklich ma=
chen kann; es werden ihm die Augen aufgehen, —
er wird überdenken, und ich werde an ihm einen Sohn
finden.

Selton. Ich zweifle sehr daran, Sirway, er
ist zu verblendet, erst mit der Zeit kann sich mit gü=
tigem Zureden seine Liebe ändern.

Sirway. Soll ich Ihnen tausendmal wiederho=
len? Karl ist verheirathet; was brauchts da Zeit?
was hilft Güte dabey? ich bin Vater, kenne meine
Rechte, die ich gegen einen Sohn zu gebrauchen habe.

Selton. Sie sollten doch noch zuvor mit Leono=
ren sprechen, sie kennen lernen —

Sirway. O was verlangen Sie da? — nicht
wahr? sie da Winseln hören, ihre romantische Lie=
be mir erzählen lassen, mir von ihren Klagen und
Weinen vielleicht gar die Ohren voll schreyen lassen?
und sie dann als meine Tochter aufnehmen; wie
Selton, Sie könnten mir zu diesem rathen? —

Selton. Sirway! Sie haben kein Vaterherz.

Sirway. Ja warlich keins wie Sie, das nur
von Güte, und nichts als Güte weiß; nein Selton,
ich gab Ihnen mein Ehrenwort, meinen Sohn zu
ihrem Eidam zu machen, Sie gaben mir das ihre, —
und dabey bleibts.

Selton. Sie haben doch auch geliebt, sollten
wissen, was wahre Liebe ist.

Sir=

Sirway. Ja ich habe geliebt, habe auch meine Elise geliebt, allein immer war mir die Ehre am liebsten, nie hatte mich eine blinde Leidenschaft verblenden können; ist das auch bey meinem Sohn? — liebt er Ehre? würde er sich so weit erniedrigen können, Leonoren zu seiner Gattin zu wählen? Ja, ich bleibe auf meinem Sinn, nichts wird mich davon abbringen — Karl soll Konstanzen nehmen, und noch diese Woche — Leonore wird entfernt werden.

Selton. Sie sind wirklich sehr hart —

Sirway. Nicht das, aber ein Mann, der Ehre liebt — ich bitte Sie, Selton! — reizen Sie mich nicht, Sie kennen mich, brechen wir von diesem Gespräche ab, erhalten wir noch länger unsre Freundschaft, (auf die Uhr sehend) doch es ist schon eilf Uhr. Leben Sie wohl, gute Nacht, Morgen sollen Sie das weitere erfahren.

Selton. Bleiben Sie noch, Lord; noch habe ich Ihnen etwas zu sagen, was mir eben einfällt, nicht war Sirway, Sie bleiben auf ihrem Sinn?

Sirway. Gewiß; meine Denkungsart wird sich nie ändern; doch was reizt Sie zu dieser Frage?

Selton. Nun so hören Sie, meiner Tochter kann doch nun einmal diese heimliche Heirath nicht verborgen bleiben, glauben Sie denn, daß sie noch länger so sehr Ihren Sohn lieben wird? Glauben Sie, daß sie einen Gatten wählen wird, der sie verachtet? Sind Sie zufrieden Sirway, wenn Konstanze den Ausspruch macht, Sie werden doch nicht verlangen, daß auch ich Konstanzens Neigung zwingen soll, sind Sie zufrieden?

Sir=

Sirway. Nun je? nach Konstanzens Neigung
will ich mich richten; allein ich bin ganz gewiß, Kon=
stanze ist zu edel, und wird —

Selton. Das müssen wir ihr überlassen; Sie
sind also zufrieden?

Sirway. Ganz, aber Sie müssen mir auch Ihr
Ehrenwort geben, daß Sie die Sache ganz Kon=
stanzens Neigung überlassen werden, nicht etwan
durch Zureden, oder dergleichen zu überreden suchen,
kurz zu entsagen, Konstanzens Neigung allein soll
entscheiden — man —

Selton. Ich gebe Ihnen mein Ehrenwort, blos
Konstanze soll entscheiden, und dann, wenn sie Karln
entsagt, wollen Sie dann Leonoren als ihre Tochter
annehmen?

Sirway. Das wird der Ausgang zeigen; viel=
leicht aber nur insgeheim, mein Sohn muß dann mit
ihr auf dem Lande leben, und die Heirath soll in der
Stille für rechtmäßig erkannt werden — allein Kon=
stanze —

Selton. (ihn umarmend) Nun denn! lassen Sie
sich umarmen, ich will mit meiner Tochter sprechen,
noch Morgen früh, und es Ihnen also bald zu wis=
sen machen. Vielleicht wird Karl noch glücklich?

Sirway. Das soll die Zeit lehren, doch es ist
schon spät; leben Sie wohl, gute Nacht, Selton.

Selton. Gute Nacht — gute Nacht.

(Sirway ab.)

G Zwey=

Zweyter Auftritt.

Lord Selton (allein.)

So konnte ich ihn doch einmal von seinem Starrsinn abbringen — welche Freude hätte ich nicht Karln glücklich zu sehen, ich weiß nicht — ich liebe ihn so, als wenn er mein eigner Sohn wäre — freilich ist mein Wunsch, ihn als Gatte meiner Tochter zu sehen, allein er würde nicht glücklich seyn, Liebe läßt sich nicht zwingen, — ein etwas mir unbekanntes, weißaget mir Gutes — wie gerne möcht ich Konstanzen sprechen! — Gewünscht kömmt sie eben hieher.

Dritter Auftritt.

Voriger und Konstanze.

Selton. Wie? ist meine liebe Tochter noch auf?

Konst. (etwas erschrocken ihren Vater noch munter zu sehen.) Wie Sie sehen; ein Buch, dessen Inhalt mich äußerst Interessirte, war Ursache daran, allein eben so verwundert bin ich, meinen Vater noch munter zu sehen, haben Sie vielleicht noch Geschäfte.

Selton. Nein meine Tochter, eine Unterredung mit dem alten Sirway hielt mich so lange auf, eine Unterredung, die wir deinetwegen hielten.

Konst. (verwundert; man sieht ihr an, daß sie ein Vorhaben im Sinne hat; und von ihrem Vater entfernt zu seyn wünscht) Meinetwegen?

Sel-

Selton. Ja Konstanze, deinetwegen. — es betrift dein Glück, ich muß dir etwas unangenehmes benachrichtigen (bei Seite) — doch! ich will schweigen, und sie so ausforschen; (laut) was denkst du von dem jungen Sirway?

Konst. Was soll ich anders denken; er ist ein edler Mann.

Selton. Den du liebst, nicht wahr?

Konst. (beyseite) Beinahe errathe ich es; er will mich ausforschen, ob ich Karln liebe, um mich an ihn zu bringen, allein er irrt sich.

Selton. Du antwortest nicht?

Konst. Ich glaubte ihn zu lieben, aber ißt mein Vater, haben sich meine Gesinnungen verändert.

Selton. Ist das dein Ernst Konstanze?

Konst. Ja, mein Vater, — aber es ist schon spät, verzeihen Sie —

Selton. Einen Augenblick noch, woher nahmst du diese neue Gesinnungen her, du liebtest ihn sonst so sehr, du sagtest mir oft selbst, nur mit Karln könntest du glücklich seyn, du warst öfters in seinem Lobe ganz ausschweifend; wie haben sich denn auf einmal deine Gesinnungen verändert?

Konst. Verzeihen Sie mir, ich bemerkte an Karln etwas, was mir an seiner Liebe zu mir zweifeln ließ, ich überlegte den Schritt den ich thun würde, einen Gatten zu wählen, der mir seinen Kummer verhehlet, nicht jeden seiner Gedanken mir ausschüttet, ich besann mich lange, überlegt alles reiflich, und entschloß mich daher gar nicht zu heirathen.

Selton. Redest du aufrichtig?

Konst.

Konst. Und man streuet nebst Dem, so was gewisses von ihm aus, man redet von ihm von einer — heimlichen Liebe — heimlicher Heirath.

Selton. Nun also, du liebst Karln gewiß nicht mehr?

Konst. Gewiß nicht mein Vater! Allein diese Fragen beunruhigen mich, Sie haben gewiß ein Vorhaben, das Sie mir verschweigen wollen.

Selton. Diese Fragen that ich des alten Sirway wegen, du weißt er will seinen Söhnen die ihm Gatten geben, ich gab ihm auch mein Ehrenwort, darein zu willigen, nun aber entstund ein Hinderniß, Karl erklärte seine heimliche Liebe seinem Vater, seine verborgene Heirath mit einem Bürgermädchen, wir ließen es nun deiner Neigung über, Karln zu wählen oder nicht, ich suchte also deine Gesinnungen auszuforschen, wollte sehen ob du ihn noch liebest.

Konst. Und wenn es auch so wäre, würde es nicht zu spät seyn, da Karl verheirathet ist?

Selton. Sein Vater würde alsdann schon Gelegenheit gefunden haben, diese Heirath zu trennen.

Konst. Und nun? —

Selton. Nun wird er Leonoren als seine Tochter erkennen, wird Karln glücklich machen, und beide segnen.

Konst. (bei Seite, vor Schadenfreude lachend) O! wenn es nicht zu spät ist —

Selton. Ich hoffe, daß du mir deine wahren Gesinnungen sagtest.

Konst. Ja mein Vater, sollte ich Ihnen etwas verhehlen? wissen Sie nicht jede meiner Gedanken?

Sie

Sie kennen Ihre Konstanze, wissen meine aufrichtige Liebe zu Ihnen.

Selton. Beste Tochter! (sie umarmend) ich erkenne mein Glück, danke Gott tausendmal, daß er mir so eine Tochter schenkte, du bist meine einzige — meine einzige Stütze.

Konst. (sich gerührt stellend) Bester Vater —

Selton. Mein einziger Wunsch ist, dich noch vor meinem Tode glücklich zu sehen, dann werde ich zufrieden sterben, und du Konstanze mußt mir den lezten Dienst erweisen, meine Augen zuzudrücken —

Konst. Bester, theuerster Vater! entfernen Sie jeden Gedanken an diesen schrecklichen Augenblick, Sie werden noch lange leben, noch lange die Freude ihrer Konstanze seyn; aber —

Selton. Nicht lange mehr, ich fühle nur allzuwohl, wie geschwind meine Lebenstage dahinschwinden, bald — bald wird es mit mir ein Ende nehmen — bald wirst du Vaterlos seyn.

Konst. Nein mein Vater, reden Sie nicht mehr davon, Sie erwecken in mir Bilder, die ich nicht ertragen kann; ohne Ihnen, wird auch mein Leben nicht mehr seyn, ich werde Ihnen dann folgen.

Selton. (sie küssend und vor Freude weinend) Nein! du mußt noch ganz glücklich seyn — Konstanze! mein einziges Kind.

Konst. Doch mein Vater, verzeihen Sie, Sie sind alt, Sie müssen sich schonen, Ihr heutiges so langes Aufbleiben könnte wohl schädliche Folgen nach sich ziehen.

Selton. Du hast recht, Dank für deine Sorgfalt.

G 2   Konst.

Konst. Ihre Gesundheit ist ohnedies so schwäch-
lich, begeben Sie sich zur Ruhe mein Vater, Sie
müssen auf Ihre Erhaltung denken —

Selton. (sie noch umarmend; dann ein Licht nehmend) Du hast recht, lebe also wohl Konstanze! güte Nacht; Gott segne dich.

Konst. (ihm die Hand küssend) Gute Nacht !
Bester Vater !

(Selton ab.)

Vierter Auftritt.

Konstanze (allein)

Es war Zeit, daß er gieng, ich konnte schon den
Augenblick nicht erwarten. Also Karl soll Leonoren
zur Gattin erhalten. Ha, ha, bis das geschieht,
mag eine zweyte Leonore geboren werden; nun Konstanze bist du g rächt, was verlangst du noch mehr?
— Und nun Karl, erfahre, was es heißt mich verachten, du sollst es heute genugsam erfahren! — ich
muß völlig lachen, wenn ich an den zärtlichen Ab-
schied von meinem Vater denke, ja, ich bin seine
geliebteste Tochter — wirst du mich auch heute so
nennen! so lieben? werde ich dann auch noch dein
Trost seyn? ha, ha, ha; du magst nun wo anders
deinen Trost suchen, Konstanzens Rache erstreckt sich
überall, jedes muß sie empfinden, und — zittern;
doch, die Mitternachtstund ist vorbey — es ist eine
finstere Nacht — greulich wie die That, die sie voll-

zie-

ziehen hilft — fort zum Werk — doch bald hätte
ich vergeſſen (ſie zieht einen Brief aus dem Buſen,
und legt ihn auf einen Tiſch) — du bleibe hier,
bis eine mitleidige Hand ſich deiner erbarmt, dich
findet, und dann breite deinen grauſamen Troſt aus.

Fünfter Auftritt.

(Die Scene ſtellt die Wohnung Leonorens vor.)

Madame Danwille, Leonore und Gertrude.

Gertrude. Madame! wir werden Sie nicht fort
laſſen, Sie müſſen bey uns bleiben.

Danwille. Nein! laſſen Sie mich meine lezten
Tage ruhig zubringen, laſſen Sie mich dieſe wenige
Zeit Gott opfern, dem ich mein Leben zu verdanken
habe.

Gertrude. Sie wollen ſich alſo von ihrer Julie
entfernen?

Danwille. Dieſe gehört Montray zu, ſie wird
glücklich mit ihm ſeyn.

Gertrude. Apropo Julie, ich brachte dir vor-
hin einen Brief, nun? — glückliche Nachricht?

Leonore. (verwirrt, man merkt in ihrem Betragen
äußerſte Schwermuth) Der Brief war zwar von Karln,
aber —

Gertrude. Redet der Brief von Unglück? Sollte etwan der Vater — Rede meine Julie! Sollte
meine Weiſſagung eintreffen.

Leo-

Leonore. Nein liebe Gertrude, noch weiß ich nichts, Karl sagt mir heute, er wäre wieder verhindert worden, mit seinem Vater zu sprechen, aber morgen — morgen wird er gewiß —

Gertrude. Ja morgen — und so immer fort, immer verschieben von einem Tag zum andern; das verzeihe ich Karln einmal nicht mehr, er hat genug gefehlt, eine Heirath ohne Einwilligung seines Vaters zu treffen, und nun verschiebt er die Erklärung immer mehr und mehr hinaus.

Danwille. Du weißt also noch nichts gewisses meine Tochter?

Leonore. Noch bis dato nichts, allein Montray giebt mir alle Hoffnung — ich werde glücklich seyn.

Danwille. Ja Julie, du wirst glücklich seyn — Gott segne euch meine Kinder, manchmal müßt ihr mich besuchen in meiner Einsamkeit, daß ich ganz glücklich sey; und Gertrude, auch Ihnen bin ich viel schuldig, ohne Sie, wo wäre meine Tochter, Ihnen allein habe ich zu danken, daß ich meine letzten Tage vergnügt zubringen kann.

Gertrude. O Madame! Gott hat mich genug gesegnet für diese That, schon fühlte ich, wie süß es sey Wohl zu thun, und dann segnete er mich tausendfach durch Ihre Tochter, ich betrachtete sie als mein Kind, liebte sie, und nun sehe ich ihr Glück gemacht, sehe sie in den Händen einer zärtlichen Mutter, eines edlen Gatten — O was konnte ich noch mehr verlangen? war dies nicht Glück genug? — Madam! nur wenige fühlen das, was ich fühle, ich bin zwar arm, allein bin es doch lieber mit

ei

einem guten Gewiſſen, als mit Schätzen und Reichthümern beladen, denen nichts von Gutesthun bekannt iſt, die Tonnen Goldes auf einander häuffen,
ſich glücklich machen wollen, und in ſich ſelbſt die
bedaurungswürdigſten Geſchöpfe ſind, denn ſie wiſſen nicht, worinn das wahre Glück beſteht.

Danwille. Sie reden wahr, bey den meiſten iſt
das der Grundſatz, hab ich Geld, ſo hab ich
alles; überall iſt Verderben, wo nicht Adel und Vermögen; doch wir wollen nicht von Dingen reden,
die der Menſchheit Schande machen, betrachten wir
die heutige finſtere Nacht, vielleicht giebt ſie uns
Stoff zu einem andern Geſpräch. So finſter habe
ich ſchon lange keine Nacht geſehen.

Gertrude. Sie iſt ſchwarz wie das Laſter, kein
Stern leuchtet am Himmel, alles iſt ſo todt.

Danwille. Das Geheul des Windes iſt ſchrecklich; — das iſt eine fürchterliche Nacht.

Gertrude. Und zeigt einen fürchterlichen Tag an,
morgen werden ſie doch noch bey uns bleiben?

Danwille. Schwerlich meine Liebe! Ich habe
ſchon die Anſtalten auf Morgen getroffen, die Reiſe
iſt ziemlich weit, und ich möchte ſchon ſo gern in
meiner Einſamkeit — aber was bemerke ich — Julie du weinſt? was iſt dir mein Kind?

Leonore. Nichts meine Mutter! — mich von
Ihnen zu entfernen — iſt mein Tod!

Danwille. Stille deine Thränen Julie! ich weiß
du liebſt mich — dieſe Trennung iſt nur auf kurze
Zeit, wir werden uns oft ſehen, du wirſt glücklich
in den Händen deines Mentraps ſeyn, und der Ge-

dann

dünke, dich glücklich zu wissen, ist mein Trost, wird
mir alle meine erlittene Unglücksfälle versüßen.

Leonore. (bricht in Thränen aus, und fällt ihr
zu Füßen). O meine Mutter — beste Mutter! —

Danville. Tröste dich Julie!

Leonore. Wie kann ich es ertragen, mich von
meiner Mutter zu entfernen — verdien' ich ihren
Segen? — Meine Mutter! — theilen Sie mir,
schütten Sie Trost in mein kummervolles Herz.

Danville. (die Hand auf sie legend) Gott segne
dich meine Tochter; bleibe Gott getreu, denke, er
ist es der dich schuf; bleib deinem Gatten getreu,
für ihn bist du bestimmt, Gott segne euch beide, mache euch glücklich.

Leonore. Beste Mutter! — kann ich glücklich
seyn, wenn ich von Ihnen getrennt bin; meine
Mutter! — ich halte es nicht aus.

Gertrude. Wie sie der Gedanke daran jetzt schön
so sehr kränkt, armes Mädchen! du bist empfindlich,
du wirst noch manche Leiden zu ertragen haben, arme Leonore! — du dauerst mich.

Leonore. Ich sehe Sie zum letztenmal! — Meine Mutter! — Ihren Segen! —

Danville. Was ist das Julie? — es greift
dich zu sehr an, sey ruhig, stille deine Thränen —
sey ruhig, du verlierst ja deine Mutter nicht, wir
werden uns ja noch oft sehen, du stellst dir diese
Trennung zu arg vor; so sehr mich deine kindliche
Liebe rührt, so mußt du doch selbe nicht übertreiben
— überlaß dich nicht ganz dem Schmerz, man muß
ja seine Leiden mit Geduld ertragen, und denken,

wenn

wenn die finstern Wolken vorüber, daß Sonnenschein folgt; noch einmal, sey ruhig, stille deine Thränen, deine Mutter bittet dich.

Leonore. Ja meine Mutter! ich will alles — alles thun.

Gertrude. Madame! es ist spät, wollen Sie sich nicht zur Ruhe begeben?

Danville. Ja; bald hätte ich vergessen, daß es schon lange Mitternacht vorbey ist, gute Nacht, Julie! lebe wohl.

Gertrude. Gute Nacht!

Leonore. (erneuert ihren Schmerz, hebt die Augen gen Himmel, wirft dann sich noch einmal in die Arme ihrer Mutter und Gertrudens) — O meine Mutter — Gertrude! — bald — bald sehen wir uns wieder. (sinkt in einen Stuhl; Danville, Gertrude ab)

Sechster Auftritt.

Leonore (allein.)

(sich nach und nach erholend) O Gott! nun nähert sich die fürchterliche Stunde, die Stunde, in der ich meinem Karl zugehören muß — also auf ewig werde ich von diesem Ort entrissen — meine Mutter nie wieder sehen! — Ach meine Flucht wird sie ins Grab bringen! Julie wird die Mörderinn ihrer Mutter werden — also diese Nacht soll mich entreissen? Karl! konntest du so barbarisch denken, mich von diesem geheiligten Orte, von meiner Mutter ent-
reis-

reiſſen zu wollen? o ich, unglückliches Mädchen! —
und nach dieſe Nacht! (öfnet das Fenſter) das iſt eine
gräßliche Nacht, wie alles ſtille iſt, keinen Laut
hört man, auſſer das ungeſtüme Toben des Windes,
und das ſchreckliche Geraſſel der Fahnen auf den
Thürmen — alles iſt todt — die ganze Natur ſchweigt
— ſchrecklich! entſetzlich! nicht ein einziges Licht er-
blickt man am Himmel, ſchwarze finſtere Wolken werden umher getrieben — o! nun fängt das Toben des
Windes wieder an — wie er mit Gewalt in die
hohlen Fächer ziſcht, und ſein Brauſen erhebt (die
Glocke ſchlägt halb zwey Uhr) ha! — dieſer Ton, der
mir ſchon oft erquickend war, iſt mir nun ſchrecklich;
nun verkündigt der Wächter dieſe gräßliche Stünde —
(ſie geht vom Fenſter weg, das ſie offen läßt, und öfnet
leiſe die Thür, die in das Nebenzimmer, wo ihre Mutter ſchläft führt) Entſetzlich! — fürchterlich für ein
armes unglückliches Herz! und hier — meine Mutter wie ſie da liegt — der Kummer weicht von ihrem Geſichte — Freundlichkeit, Lieb mahlt ſich darauf — und Gertrude hier — alles ſo ſtill — dieſen Wohnſitz der Zufriedenheit ſoll ich verlaſſen? von
dieſer guten Mutter auf ewig mich trennen? niemals
ſie wieder ſehen? o Karl! du forderſt viel von mir!
allein mich von dir trennen! — ruhe ſanft, Mutter!
es möge dich nur immer Glück begleiten. Auch dich
Gertrude muß ich verlaſſen, die du ſo lange Mutterſtelle bey mir vertratſt, dir habe ich mein ganzes Leben zu verdanken — Lebe wohl, tröſte dich über
den Verluſt deiner guten Leonore, vergiß ſie bald —

Gro-

Großer Gott! (die Hände gen Himmel aufhebend, wie
auch ihre Blicke hinauf gerichtet, diese gänze Rede muß
oft mit Pausen und Thränen unterbrochen werden)
erhör das Gebet einer Unglücklichen! verzeihe mir die
fe Flüche — verzeih es auch meinem Karl — be
schütze uns — und laß uns glücklich miteinander leben, und stehe stets meiner Mutter und Gertruden
bey, sie sollen sich meinetwegen trösten, mich in dem
Armen Montray glücklich schätzen (die Glocke schlägt
drey Viertel, ein Entsetzen überfällt Leonoren) —
Schon drey Viertel (zum Fenster eilend) und noch immer alles in so schrecklicher Gestalt — (lange Pause)—
(der Wind tobt nun weniger, einige Sterne funkeln noch
am Himmel — Trost für die unglückliche Leonore) —
(Fürchterliche Pause, Leonore ist in äußerster Unruhe)—
meine Mutter schläft noch immer so ruhig, wüßte sie
was in ihrer Tochter Gemüth vorgeht — sie würde sich meiner erbarmen, du wirst mir doch verzeihen, wenn du weißt, was ich liebe — das in
Thränen gebadet will ich meiner Mutter zum Andenken überlassen — es sind bittere Thränen, und sollte ich meine Flucht verschweigen? — geschwind,
das vergaß ich, (setzt sich an den Tisch und fängt an
zu schreiben) ach du sollst alles sehen — ganz aßen
wirken werden, daß meine Flucht nöthig ware —
ob ich aber noch besser würdig, beurtheile aus
deßen Zeilen, und aus dem Brief, den mir heute
Karl schrieb — so! und jetzt noch ein paar Worte
an meine liebe Gertrude — (lange Pause, sie schreibt
unterdessen schlägt die Glocke zwey, gleich nachdem sie
ausgeschlagen hat, hört man einen Pfiff) O Großer
Gott!

Gott! eilet in Stubl zurück, man hört noch einen lautern Pfiff.) Ist also der Augenblick da? (Vinzenzo erscheint am Fenster, tief in einen Mantel gehüllt, er giebt Leonoren ein Zeichen, sie fährt in äußerster Verzweiflung auf, betrachtet noch einmal ihre schlafende Mutter, schickt ihr Küsse zu, erhebt die Augen gen Himmel, zerfließt in Thränen, entschließt sich dann, nähert sich Vinzenzoen, der ihr hilft beim Fenster hinaus zu steigen, in dieser Pantomime ist aber äußerstes Stillschweigen zu beobachten.)

Siebenter Auftritt.

(Die Scene stellt einen Platz vor, das Haus Leonorens ist auf der rechten Seite, vor demselben ist eine kleine Mauer, am Ende des Plazes sieht man das Haus des Lord Sidney, von weitem siehet man das Thor, es ist Nacht.)

Karl (allein, in einem Mantel gehüllt, mit gezücktem Degen.)

— — Die zweite Stunde dieser schrecklichen Nacht ist schon vorbey — wie alles so stille ist, so sanft möchte es auch in meinem Herzen so seyn — du Leonore wohnst in diesem Hause, wo ich so manche glückliche Stunde genoß, und du solltest mir untreu seyn und einen andern lieben? — einen Werther? — Großer Gott! sollte die That etwan schon vollendet seyn? oder soll man mich vielleicht gar betrogen haben? gräßliche Nacht! schreckliche Einbildung jagst du in mein bekümmertes Herz —

Wie

Wie die Eulen in diesen zerfallenen Thürmen ihr kläg-
liches Lied anstimmen, alles sagt Schrecken, und
doch wäre mir alles so süß, wenn ich im Besitz
Leonorens wäre — ha! ich hör ein Geräusch —
nein! es ist nichts, meine Einbildungskraft ist zu
erhitzt — In keinem Hause brennt ein Licht, bey
Leonoren ist alles finster — sollte ich mich etwan
geirrt haben? sollte ich zu spät gekommen seyn? —
Wie nun wieder der Wind tobt, finster ist diese
Nacht — (lange Pause) — Vincenzo, den ich meinen Freund nannte, dem ich in allen seinen Wünschen zuvor kam, nun mein Verräther, du mußt nur
erst sterben, du verriethst mich, und wenn er dann
seine schwarze Seele aushaucht, wenn alle Teufel ihn
umschweben, dann soll Leonore davon Augenzeuge
seyn, sie soll auf seinen Körper hinsinken, gleich als
wollte sie seine Seele aufhalten, und dann soll auch
sie das Opfer meiner Rache, — meiner gerechten
Rache werden; dieser Degen soll sich in ihr Blut
tauchen, und tausend Stiche sollen sie an ihre Un-
treue erinnern, bey jedem soll ihr der Name, Karl!
den du verriethst, fürchterlich in die Ohren donnern
— aber könnte ich mich nur an einem Schimmer von
Hoffnung des Gegentheils erquicken, doch ich fühle
an meiner Quaal, daß mir alle Hoffnung entrissen
sey, aber meinen Vater werde ich nie gehorchen,
Konstanzen will er mir zur Gattin geben? nein,
nimmermehr, ich kann sie nicht lieben, verabscheue
sie sogar — Konstanze ist eine Schlange, eine ver-
steckte Schlange, die ich nur zu gut kenne — nein,

da-

dem — — — — Vater mich — — — — — — —
Ich höre noch nicht, will nur wenig nachforschen —
— — (Es geht schleichend in den Hintergrund) — —
— — — — — — — — — — — — — — — — —

Achter Auftritt.

Pinzenzo, Leonore, und Karl.

— — — — — — — — — — — — — —

Pinzenzo. (im nämlichen Anzug wie zuvor, legt
aber die Mauer, und hilft dann Leonoren darüber, mit
verstellter Stimme) Die meine Leonore, es ist die
höchste Zeit — — — — — — — — — — —

Karl. (leise) Horch! hört ich nicht ein Geräusch?

Pinzenzo. (Leonoren immer weiter führend)
Fürchte dich nicht, es ist ja dein Anbeter, in dessen
Händen du bist. — — — — — — — — —

Karl. (wie zuvor) O Himmel, es ist Pinzenzo — — so ist es doch wahr? — — — — —

Pinzenzo. Du zitterst? wir sind ja gleich am
Thor. — — — — — — — — — — — —

Leonore. Karl! — um Gotteswillen — mein
Herz zittert. — — — — — — — — —

Karl. Wie! sie erkühnte sich noch meinen Namen zu nennen? die Natterbrut! — — — —

Leonore. Karl! — war dies nicht eine Stimme?

Pinzenzo. (unruhig) Nein — es war nichts —
du täuschst dich — doch eile nun — der Tag wird
bald anbrechen. — — — — — — — —

Leonore. Ich weiß nicht, mein Herz zittert ganz
entsetzlich, es steht uns ein Unglück bevor. —

Pin-

—Pinzenzo. Faſſe dich, das ſind Bilder der Einbildungskraft, eilen wir! ſieh, gegen Orient fängt
es ſchon an Licht zu werden — komm Leonore, wir
könnten ſonſt entdeckt werden, wir ſind ja gleich in
Sicherheit. (er ſucht immer Leonoren weiter zu führen,
unterdeß Karl ſeinen Degen in Bereitſchaft ſetzt, und
im Finſtern herum tappt)

Karl. (laut rufend) Pinzenzo!

Pinzenzo. O Gott, ich bin verrathen! (laut)
Wer iſt das?

Karl. Kein Schurke wie du Kerl!

Pinzenzo. (nach ſeinem Degen greifend) Nun
gut, ſo lerne erſt, wer ein gröſſerer Schurke iſt.
(lauft auf Karln los, ſie fechten, Karl wird verwundet
und fällt)

Karl. (fallend, mit ſchwacher Stimme) Groſſer
Gott! — wo iſt Leonore?

Leonore. Wer war das? (auf Karl hinſinkend)
O mein Karl! — unglücklicher Karl.

Karl. (ſammlet ſeine Kräfte und ſtößt Leonoren weg)
Weg von mir Schlange — verdient ich es ſo um
dich? iſt das der Lohn meiner Liebe? — Weg von
mir, gehe zu Pinzenzo! zu dem Verräther!

Leonore. Was iſt das Karl? wann war ich gegen dich untreu? wann vergaß ich dich? grauſamer Karl! mir ſolche Vorwürfe zu machen; ent-
führteſt du mich nicht? riſſeſt du mich denn nicht
aus den Händen meiner Mutter? und nun noch
Vorwürfe! Karl! ich begreife dich nicht!

Karl. Was redeſt du da? ich entführte dich! o
Schlange, nein, ſo entkömmſt du mir nicht, geh —

H   geh

geh nur zu Pinzenzo — und der soll dir es erklären.

Pinzenzo. Ja Leonore, ich war es, der Sie im Namen Karls entführte; um Sie aus seinen Tigerklauen zu retten, um seiner Grausamkeit vorzukommen, Sie waren nicht das einzige Opfer seiner wollüstigen Neigungen gewesen, Menschlichkeit zwang mich zu diesem Schritte — Karl, wie konntest du mich so erniedrigen, mich mit deinen Wohlthaten so überhäufen, deren ich mich nun schäme, that ich dies, daß du an mir zum Verräther würdest.

Karl. Warum muß ich da liegen, das von einem Menschen zu hören — von einem Ungeheuer, dem ich das Leben schenkte.

Leonore. Geliebtester Karl! Pinzenzo hat dich also ermordet? Hilfe! Hilfe!

Karl. Schweig, Natterbrut! Eben diese zwey, denen ich am meisten traute, die mein alles waren, die mußten mich verrathen! Pinzenzo! o Pinzenzo, wie verdiente ich das um dich? daß du so mit mir verfuhrst?

Pinzenzo. Wie? noch itzt treibst du mit einer tückischen Heucheley dein Spiel? itzt! wo du bald deine Seele aushauchen wirst? wo alle deine Laster entlarvt sind? wisse Karl, man hat deine Schandthaten entdeckt, und Graf Glosti dich entlarvt.

Karl. Glosti? — Glosti, den ich sonst für meinen Freund hielt? —

Pinzenzo. Ja, Glosti war es, ich erfuhr alles, ich liebte wirklich Leonoren, betete sie an, allein du liebtest sie, gleich unterdrückte ich meine Liebe, so

viel

viel Mühe es mich auch kostete; Leonore weiß es
selbst, ich erklärte mich ihr, sie war aber in äußersten Grad erzürnt, liebte nur dich — war dir ganz
getreu.

Karl. Leonore, Leonore mir getreu?

Leonore. (liegt immer auf seinem Körper) Ja,
mein Karl, und du konntest mir so barbarisch be-
gegnen? Grausamer!

Pinzenzo. Nun kam Glosti einst zu mir, ent-
larvte dich ganz, er sagte mir, dir wäre meine Liebe bekannt, du hättest deinen Scherz mit meiner
Pein, dein Vorhaben wäre Leonoren zu verführen,
sie zum Opfer deiner Laster zu machen, mit einem
Wort, er entdeckte mir alles — Elender! er gab
mir Mittel an die Hand, wie ich Leonoren aus dem
Irrthum, wie ich sie dir Barbaren aus deinen Tigerklauen entreissen könnte; und noch jetzt treibst du
deine Heuchelei so weit?

Karl. Du sagst Glosti war es? — redest du
wahr, Pinzenzo?

Pinzenzo. Ja Glosti war es, was brauchst du
noch zu fragen?

Karl. Ich erinnere mich einst, Glosti in etwas
beleidigt zu haben, und sollte er etwan — doch die
Sache war zu gering; was glaube ich, beide —
ihr beide seid Verräther! Ungeheuer! und auch du,
Leonore!

Pinzenzo. Um Gotteswillen, beleidige diese
Gottheit nicht, sie war dir immer getreu; liebte dich
bis jetzt, sie glaubte in deinen Armen zu seyn, als
ich sie entführte, sie dachte nur an dich; sieh wie

sie auf dir liegt, wie sie weinend ihre Liebe ausdrückt, und du kountest die boshaften Gedanken hegen, sie zu verführen?

Karl. Glosti! also sollte es seyn? — doch nein, noch kann ich nicht glauben, die Zeit ist schon zu lange verflossen, wo ich ihn wider mich aufbrachte; und wir wurden seitdem Freunde — doch! — die Worte vergehen mir — O Gott! wie ist mir! — Pinzenzo! — du — grosser Gott! — Hilfe! (zurückfallend)

Leonore. Siehe da dein Werk Pinzenzo! Verachtungswürdiger! du stehest da, und fühlst nichts, eilest nicht zu Hilfe? — siehst du da die bleichen Wangen — Karl! — Karl erwache, (schreit) Hilfe! Hilfe! o daß mein Schmerz dich erwecke, daß du meine Unschuld ganz einsehen könntest — Karl! — Hilfe! Hilfe!

Pinzenzo. Wie Leonore? Sie können mit ihm Mitleid haben, mit dem Verräther? der Sie —

Leonore. Schweig Unmensch! du bist ein Verräther? — deine Sache ist morden — Hilfe! Hilfe!

Neunter Auftritt.

Vorige. Madame Danwille. Gertrude.

(es fängt an lichter zu werden.)

Danwille. Wie, was ist dies für ein Geschrey! ich glaubte, die Stimme meiner Tochter zu vernehmen! was seh ich? meine Tochter neben einem jungen Menschen? —

Ger-

Gertrude. Gott! — Montray! —

Leonore. (aufspringend) O meine Mutter, helfen Sie — helfen Sie meinem Gatten! — er ist todt, hier ist sein Mörder (auf Pinzenzo zeigend) Mutter! Gertrude! — Helfen Sie!

Gertrude. Sie sind der Mörder Karls? dieses edlen Menschen? Ihres Freundes?

Pinzenzo. Ja! ich läugne es nicht, ich bin sein Mörder, Sie kennen noch nicht diesen Karl; wissen Sie also, er ist ein Verführer.

Gertrude. Grausamer Mensch! Sie verkennen ihn — die Strafe soll Ihnen auch nachfolgen.

Pinzenzo. Die Strafe fürchte ich nicht, ich klage mich nun selbst bey der Gerechtigkeit an, mein Wunsch ist erfüllt und ich bin gerächt.

Danwille. (die Karl aufzuhelfen bemüht war) Montray! — armer — unglücklicher Montray! — dein Gesicht hat so etwas edles — du dauerst mich — du Unglücklicher.

Leonore. Erwache Karl! — Karl — um Gotteswillen erwache, o! so helft doch! eilt! — Mutter! — Gertrude kommen! — erweise mir — Karl! Geliebter meiner Seele! Gertrude, hole einen Arzt, fliege — Karl stirbt — nein! (Gertrude ab) — er kömmt wieder zu sich — Karl, kennst du mich? Karl! — Geliebter! —

Karl. (mit schwacher Stimme) Leonore! — du — hier?

Leonore. Ja! Bester — Theuerster! wie geht es dir — findest du Linderung?

H 3   Karl.

Karl. Wo — ist denn Pinzenzo? — Leonore,
Pinzenzo — ist nicht hier — und du? — bist
nicht bey ihm? —

Leonore. Entferne jeden deiner Gedanken an
diesen Unmensch aus deinem Gedächtniß, hasse ihn,
wie er es verdient — Karl! — liebst du mich nicht
mehr? —

Karl. Du liebst — ja schon — Pin, — zenzo —
vergeßen will ich dir. O Gott! (sich windend, und
dann die Augen auf Madame Danville werfend) und
wer diese — hier? —

Leonore. Meine Mutter! — meine zärtliche
Mutter! — von der mich der barbarische Pinzenzo
trennen wollte.

Karl. Leonore! — du liebst mich also? —

Leonore. Wie kannst du fragen Karl! wann
liebte ich dich nicht? immer war ich nur dir getreu — Pinzenzo war der Verräther: Leonore war
dir immer getreu, o Theurer! du warst immer mein
einziger Gedanke.

Zehnter Auftritt.

Vorige. Gertrude mit einem Arzt.

Gertrude. Kommen Sie mein Herr! er ist seinem Ende nahe.

Arzt. Man bringe ihn auf einen Stuhl. (man
vollzieht es)

Leonore. Karl! — Bedaurungswürdige Leonore! Grausamer Pinzenzo! — — mußte dies das
                                                      Ende

Ende unserer Liebe seyn? — mußt du mir auf im=
mer entrissen werden?

Arzt. Beruhigen Sie sich, mein Fräulein —
es ist ja nicht alle Hoffnung verloren — die Wunde
ist nicht gefährlich.

Leonore. (freudig) O bester Mann! Sie flößen
Trost in mein kummervolles Herz — sollte er mir
wieder geschenkt werden? Mutter, theuerste Mut=
ter! — Karl wird wieder mein.

Danville. Armer Montray, je mehr ich dich
ansehe, je mehr blutet mein Herz, dich in solchem
Zustand zu sehen, deine Gestalt, dein alles prägt
mir —

Leonore. (Karl küssend) Karl! Nun! schlage
deine Augen auf, o er erwacht nie wieder.

Arzt. Die viele Blutvergießung ist Schuld dar=
an, daß er nun in einer Art von Betäubung daliegt
— noch einmal Fräulein! ich stehe für seine Gene=
sung, seine Wunde ist zwar stark, aber nicht ge=
fährlich.

Leonore. Haben Sie Mitleiden mit mir, schen=
ken Sie einer Unglücklichen ihren Gatten wieder —
Grausamer Pinzenzo; mußtest du so mit deinem
Freund verfahren, dem du dein Leben schuldig bist.

Danville. Noch versteh ich die ganze Sache
nicht! was war denn die Ursache, daß Pinzenzo
diese schändliche That an seinem Freund verübte?

Leonore. Er war seines Freundes Verräther —
er liebte mich, der Unmensch! er erkühnte sich sogar
mir sein Liebe zu erklären, allein ich verabscheute ihn,
schlug ihm auf immer alle Hoffnung ab, und nun

H 4   muß=

mußte dieser elende Mensch zu einem Schurkenstreich seine Zuflucht nehmen. Er wußte, daß Karl mit seinem Vater heute, meinetwegen sprechen — würde, er schrieb mir einen Brief ganz die Schrift seines Freundes nachgemacht, er schrieb mir seine unglückliche Lage; den Fluch seines Vaters — mit einem Wort, seine Beschreibung war so schrecklich, daß ich in seinen Entschluß willigte, mich von ihm entführen zu lassen, diesen Brief brachte mir Gertrude.

Danwille. Und du, meine Julie! konntest eine solche Sache deiner dich zärtlich liebenden Mutter verschweigen? — doch — ich verzeihe dir — nur weiter.

Leonore. Aeußerste Verschwiegenheit wurde mir aufgetragen, die zweyte Stunde dieses unglückseligen Tags zur That angezeigt; die Stunde rückte an; Pinzenzo kam äußerst verhüllt, ich hielt ihn für meinen Gatten — meinen Montray; warf mich in seine Arme, folgte ihm, wir stiegen über die Vormauer, und ein Ungefähr führte meinen geliebten Karl daher, dieser hielt den grausamen Pinzenzo auf, sie giengen mit bloßen Degen auf einander, und Karl mußte unterliegen.

Danwille. Schändlich — abscheulich! —

Leonore. Allein das war noch nicht genug — seine Grausamkeit erstreckte sich noch weiter; er schalt Karln einen Verräther, beschuldigte ihn schwarzer Laster, und nun hält mich Karl für eine Treulose, da ich doch ihn immer rein — aufrichtig — ja Karl! Leonore ist unschuldig.

Elf=

Eilfter Auftritt.

Lord Sirway aus seinem Hause mit Bedienten.

Sirway. Wo kömmt das Getümmel doch her? Gott! trüg ich mich? oder sehe ich wirklich meinen Sohn schwimmend — todt? (auf seinen Sohn hinstürzend) O mein Sohn! — theuerster Karl! —

Danwille. Himmel! steh mir bey (fällt ohnmächtig in Gertrudens Armen)

Gertrude. Madame! — Danwille! — was ist das! Hilfe! Hilfe!

Sirway. (aufspringend) Danwille? — wer sprach den Namen aus? wer sagte — Danwille? über welche Lippen gieng dies Wort? — ein Weib liegt hier in Ohnmacht — noch versteh ich nichts, helft doch! eilt ihr zu Hülfe! (nähert sich ihr, und bleibt dann in einer Betäubung stehen) Ist es ein Traum? Danwille! (auf sie hinstürzend) Danwille meine Frau! find ich dich wieder? Elise! theuerste Elise? sie ist todt! — auf ewig mir entrissen! — Elise!

Danwille. (Ihre Augen aufschlagend, und sich erholend) Bist du es — Sonwal?

Sirway. Ja Elise — dein Sonwal bin ich, dein getreuer Sonwal, der dich über alles liebt — finde ich dich wieder?

Danwille. Und du Grausamer konntest mich verlassen? mich, die dich immer so liebte? könnte ich dir nur meinen Kummer, mein Elend beschreiben, was ich seit deiner Treulosigkeit erlitten — mein Sonwal, dies kann ich dir nie verzeihen.

Sir=

Sirway. Keine Vorwürfe, Elise, dein Sonwal ist unschuldig, nicht Treulosigkeit zwang mich,
dich Theuerste zu verlassen, stets liebte ich dich, betete dich an — Nie kam mir der Gedanke, der grausame Gedanke ein, meine Elise zu verlassen, und doch
zwang mich das ungünstige Schicksal es einmal zu
thun.

Danwille. Wie so?

Sirway. Ich kam einst mit einer Person von
Herkunft in Streit, und ich mußte das Unglück haben sein Mörder zu werden — Was war zu thun?
ich flüchtete mich hieher, meinen Sohn zu finden, und
gab ihm, wie auch mir den Namen Sirway —
auch ich kann dir nicht genugsam beschreiben, was
ich seit unserer Trennung erlitt, immer warst du mein
einziger Gedanke! — O meine Elise! Glückliche
Stunde! Dank dir, Gott! du gabst mir meine Elise wieder.

Danwille. Du warst mir also treu? Liebtest
mich immer? (ihn umarmend) Mein Argwohn war
ungegründet, verzeih mir Sonwal — — bester —
theuerster Gemahl!

Sirway. Allein erkläre mir, wie finde ich dich
hier wieder? welch glückliches Ohngefähr führt dich
hieher?

Danwille. Gleich seit ich dich verlor, konnte ich
nicht mehr den Anblick der Welt ertragen, mir war
alles zur Last, weil ich meinte du wärest mir treulos
geworden, mein Haß erstreckte sich auf alles; Ich
floh die Stadt, irrte von einem Ort zum andern,
immer quälte mich dein Andenken, ich glaubte also

in

in einem andern Lande, mir meine Gedanken zu zerstreuen, es both sich mir eine Gelegenheit dar, nach England zu kommen, ich ergriff sie, und schiffte hieher, vorgestern kam ich an, allein auch hier war mir alles gehässig, auch hier dachte ich immer an dich, ich faßte den Entschluß in einer Einöde meine kurzen Tage zu vollenden, morgen wollte ich schon abreisen — doch was macht Montray? lebt er noch?

Leonore. (die mit dem Arzt immer um Karl war und ihm aufzuhelfen suchte, freudig zu ihrer Mutter). kommen Sie meine Mutter — Karl! mein theuerster Gatte lebt wieder — kommen Sie meine Mutter!

Sirway. Mutter? — Gott? welche Täuschung! — Elise? — Julie! — irre ich mich? es ist meine Julie? nein! es ist kein Traum, ich finde meine Julie wieder (sie umarmend) Meine Tochter! — Julie! — Glücklicher Vater, der ich bin! — geheiligter Tag! — Elise! — Julie! (von einer zur andern) mußte ich meine Elise meine Gattin wieder finden? allein Kinder erklärt mir das Räthsel, wo ist dein Gatte, meine Julie?

Leonore. O Gott, finde ich meinen Vater! Bester! — Theuerster Vater! (auf Karl zeigend) hier liegt er — Karl!

Sirway. Wie? Karl? meine Julie! Karl ist nicht dein Gatte. — Es ist dein Bruder, Karl ist mein Sohn.

Leonore. (Erschrocken) Bruder!

Danwille (auf ihn hinstürzend) O mein Sohn!— Karl! — mein Karl! kennst du deine Mutter?

Karl. Wie? — Sie — meine Mutter? —

Dan=

Danwille. Ja Karl, ich bin deine glückliche Mutter — du bist mein theuerster Sohn, (ihn umarmend) deine geglaubte Leonore ist Julie, deine Schwester.

Karl. Wie? Leonore? nicht meine Gattin? Schwester? Julie! wie, — du bist meine Schwester?

Julie. Ja, und nun was wollen wir anfangen?

Karl. Schwester! o Himmel! doch sey nicht so schwermüthig, auch als Geschwister wollen wir uns lieben, komm laß dich umarmen.

Julie. Nun weil es denn nicht anders seyn kann, mein Karl, vor einer Viertelstunde war noch eine beßere Zeit, die abscheuliche Nacht!

Karl. Julie, das Schicksal wollte es so, tröste dich, doch wo ist Pinzenzo, ist er nicht hier?

Gertrude. Nein, er glaubte seinem Zorn ein hinreichendes Opfer gebracht zu haben, dieß war den Schändlichen genug. Er ist gegangen sich den Händen der Gerechtigkeit zu überliefern, er klagt sich selbst als Mörder seines Freundes an.

Karl. Ruft ihn zurück! — haltet sein Vorhaben ein! — sagt ihm, es wäre Karl sein Freund, der ihm verzeiht.

Sirway. Noch kömmt mir alles dieses, wie ein Traum vor — noch begreife ich nichts — wer war der, mein Sohn! der dich verwundet hat? — wie kamst du hieher? — wie meine Tochter? — wie meine Elise? was war das Getümmel, so mich aus dem Schlaf weckte, und mich (Elisen und Julie umarmend) zu unaussprechlichen Freuden führte?

Leo-

Leonore. Sie sollen alles erfahren, mein Vater! —— Karl glaubte, einen Freund zu haben, der aber sein Verräther war — Pinzenzo ist sein Name —

Zwölfter Auftritt.

Lord Selton von Zorn entflammt mit Bedienten. Vorige. Der Tag bricht immer mehr und mehr an.

Selton. Sucht, —— sucht sie überall auf — zertheilt euch in alle Straßen — Rechnet auf meine Erkenntlichkeit (Bediente ab) doch wen sehe ich hier Lord Sirway und Karln? voller Blut, einen Arzt, und diese Frauenzimmer — was ist das? um diese Stunde hier?

Sirway. Ja erfahren Sie alles, erfahren Sie ein Geheimniß, das ich 18 Jahr unter dem Busen verschlossen trug; ich will Ihnen meine Geschichte erzählen, ich bin ein Franzos, mein Name ist nicht Lord Sirway, sondern Marquis Sonval, ich lebte in Paris, war vergnügt, lernte ein Mädchen kennen Namens Elise, ihr Anblick prägte Liebe in mir, sie liebte mich wieder, mein Vater billigte es, und Elise wurde meine Gattin, wir lebten glücklich mit einander, sie gebahr mir eine Tochter, ein Mädchen das ich ungemein schätzte; sie gebahr mir dann einen Sohn, eben diesen Karl. Wir machten öftere kleine Reisen auf dem Meer, allein einmal erhob sich ein Sturm — Gott! die Haare stehen mir noch

gegen

gegen den Berg, wenn ich dieses gräßliche Bild in
mein Gedächtniß zurückrufe — der Sturm wurde
größer, das Bort brach, ein Schiffmann rettete
mein Weib, — ach! hätte ich damals im Meer
mein Grab gefunden, allein ich war zu einem noch
größern Unglück aufbewahrt, ich verlor in diesem
Sturm meine Tochter, ich sahe wie sie die Wellen
verschlangen, und ich — wurde an Strand gewor-
fen. Ich hatte hier in England einen Anverwandten
Namens Lord Sirway, er verlangte meinen Sohn
zur Erziehung, ich schickte ihn hieher, er gab sich
alle Mühe mit ihm, und war mein Freund — nun
war ich von meinen beiden Kindern entfernt. Ich
spielte stark, verlor mein Vermögen, kam einst mit
einem Officier von Herkommen in Streit, wir duel-
lirten uns, er blieb, ich mußte mich flüchten nach
England, und hatte nicht Zeit meine Elise davon zu
benachrichtigen, die ich in äußerster Armuth verließ;
Ich schrieb sogleich nach Frankreich, allein man konnte mir von meiner Gattin nichts sagen, man wußte
nicht wo sie hingekommen wäre; mein Weg auf der
Flucht war sogleich zu einem Anverwandten, nahm
seinen Namen an; mein Sohn, da er hieher kam,
war noch zu jung, seinen eigenen zu wissen, und er
erhielt auch den Namen meines Anverwandten, der
bey ihm Vaterstelle vertrat, dieser war nun mein
einziger Trost; allein das Schicksal entriß ihn mir,
er hinterließ mir ein ansehnliches Vermögen; alles
wurde mir entrissen, nur blieb mir mein Sohn. —
die Liebe, die ich zu ihm hegte, ist Ihnen bekannt,
auch das was heute geschah. Ein Getümmel, welches

ches mich diese Nacht aus dem Schlaf weckte, brachte mich hieher, und o welch Entzücken, hier fand
ich meine Elise, Julie, wieder, sie war die Gattin
meines Sohns — o Selton! Sie staunen. Sie
glauben ich spräche Räthsel, auch ich glaubte so, —
auch ich bin erstaunt, Sie um diese Zeit hier zu sehen,
was für ein Zufall führt Sie hieher?

Selton. Ein Unglück, das nicht größer seyn
kann; Sie erinnern sich noch unsers gestrigen Ge-
sprächs, gleich darnach sprach ich mit meiner Tochter, fragte nach ihrer Gesinnung mit Karln, allein
sie antwortete, sie besitze nichts weniger als Liebe gegen ihn, sie hätte auch von seiner heimlichen Heirath gehört, mit einem Wort, sie entschloß sich anders, und nahm sich vor, nie zu heirathen, sie will
ihrem Stande getreu bleiben; ich Thor! ließ mich
von ihren schmeichelnden Worten zu Thränen bewegen, und merkte ihre Verstellung nicht — nicht ihre
verstellte Sorgfalt für meine so schwache Gesundheit,
mit einem Wort sie betrog mich; die Kammerfrau,
die ungefähr erwachte, und die Thüren vom Zimmer
Konstanzens offen sah, erschrack, suchte durch, und
meine Konstanze war fort, sie machte gleich Lärmen
im Hause, weckte alles auf, schickte meine Bedienten aus — Sirway! ich bin ein unglücklicher Vater! — Konstanze war mein einziges Kind — alle
Hoffnung baut' ich auf sie, ich liebte sie, sie aber
mißbrauchte meine Güte — entfloh — verließ ihren
zärtlichen — ihren unglücklichen Vater!

Sir-

Sirway. Wie? Konſtanze konnte das thun? Konſtanze, die mir immer als ein Engel ſchien? — armer Selton! ſie dauren mich.

Selton. Unwürdige Tochter — du brinſt dei-nen alten Vater ins Grab — was bewog dich dei-nen Vater zu verlaſſen, der doch nichts als Güte gegen dich zeigte, dich als ſein einziges Gut ſchäzte — o! Konſtanze! doch Sirway, erkläre mir das Räthſel, des Frauenzimmers das an deiner Seite hing, das junge Mädchen an Karln, wie er hier im Blute ſchwimmend, Sirway erkläre mir das.

Dreyzehnter Auftritt.

Vorige. Ein Bedienter mit einem Brief.

Bedienter. Ich gieng, Mylord! noch einmal die Zimmer des gnädigen Fräuleins durch; konnte aber Troz aller angewandten Mühe nichts finden; endlich kam mir dieſer Brief in die Augen, er lag auf einem Tiſch, vielleicht kann er etwas erklären.

Selton. Gib her (den Brief aufbrechend) ja! es iſt meiner Tochter Hand, großer Gott! was werde ich leſen. (Er lieſt)

„Es wird wohl ziemlich wunderbar ſcheinen, mich „nirgends finden zu können. Mein Vater! ſeyn „Sie darüber außer alle Sorgen, ich bin in ſehr gu= „ten Händen, ich weiß, Sie werden um mich und „um die Urſache meiner Entfernung ſehr bekümmert „ſeyn, die ſollen Sie erfahren, — es iſt wahr, ich „liebte den jungen Sirway, doch er verſchmähte

„mich,

„mich, und meine gekränkte Liebe verwandelte sich
„in Haß — ich durstete nach Rache, er sollte der
„Mörder seiner geliebten Leonore werden, und dazu
„war mir Graf Glosti behülflich; Ihm allein hab'
„ich meine ganze gewiß vollzogene Rache zu danken,
„denn mein Plan konnte nicht fehlen."

Karl. Glosti? was muß ich hören? — so hat
Pinzenzo doch recht.

Selton. (liest weiter) „Es wäre zu lang Ihnen
„eine Beschreibung zu geben, wie mir der treue
„Glosti alle Dinge zur Ausführung meines Plans
„einfädelte, Glosti rieth ihm, er sollte diese Nacht
„um zwey Uhr Leonoren unter dem Namen Karls
„entführen; um aber das liebe Mädchen darauf
„vorzubereiten, so schrieb er ihr einen Brief, indem
„er ganz die Hand Karls nachmachte, und sagte,
„der alte Sirway hätte ihn mit seinem Fluche bela=
„den, und wollte ihn trennen, um dieses zu ver=
„meiden, wäre er entschlossen Leonoren zu entführen,
„Sie wird es doch wohl geglaubt haben? — Allein
„um Karln zu verhindern, etwan Leonoren oder
„Pinzenzo zu besuchen, so war auch dieser mit einem
„Billet von Glosti im Namen eines unbekannten,
„aufrichtigen Freundes beehrt, das ihm die Treulo=
„sigkeit Leonorens und Pinzenzos entdeckte; und um
„ihn davon Augenzeuge zu machen, wurde Karl
„Nachts um zwey Uhr vor dem Hause Leonorens be=
„stellt, wo er dem Schauspiel der Entführung seiner
„theuern Leonore beywohnen könnte. —

Karl. Grausamer Glosti! — Barbarische Kon=
stanze — so habt ihr mich betrogen?

Ju=

Julie. Karl! erkennst du nun, daß ich dich immer liebte? zuvor als Gattin, nun als Schwester?

Selton. Gott! muß ich so eine Tochter haben— abscheuliche Konstanze! doch ich will fortfahren; (liest weiter) „Ich hoffe wohl, Karl wird anfangs „Leonoren seiner Wuth aufgeopfert haben, mir ist, „es Leid, daß Pinzenzo unschuldiger Weise dabey „leiden mußte, allein um meine Rache vollkommen „zu machen, mußte sie sich auch auf ihn erstrecken.‟

Karl. Pinzenzo ist unschuldig? — rettet ihn! — rettet ihn; man hole ihn hieher — eilt — eilt — Pinzenzo ist mein Freund! — Abscheulich! — gräßlich — allein Konstanze, deine Rache wurde doch nicht vollzogen — — Gertrude — retten Sie Pinzenzo.

(Gertrude ab.)

Selton. (liest weiter) „Dann soll erst Karl er„fahren, daß Leonore und Pinzenzo unschuldig wa„ren; Sie mein Vater werden doch die Güte haben, „ihm diesen Brief zu zeigen, er soll fühlen was „Konstanze vermag, was es heiße Konstanzens Lie„be zu verschmähen, ich weiß, hätte ich dem ganzen „Schauspiele beygewohnt, man würde vielleicht nicht „die beste Meinung von mir gehabt haben, diesen „wollte ich ausweichen, und floh von hier, meinen „Aufenthalt wird Niemand erfahren, genug, ich bin „in Glostis Händen, der nun mein Gatte ist, leben „Sie wohl, bester Vater, gedenken Sie an mich, „und bewundern Sie Ihre Tochter‟

Konstanze.

Un-

Ungeheuer, abscheulich — Fluch über dir unge-
rathene Tochter, tausendfacher Fluch! möchten sich
doch alle Stürme verbinden, um diese beyden Ungeheuer zu Boden zu schmettern.

Karl. Armer, unglücklicher Freund! wie hätte
es dir gehen können, nun erklärt sich alles — —
Du Julie, du scheinst mir ja ganz in Thränen zu
seyn.

Julie. Lieber Karl, mir ist wirklich nicht wohl,
seitdem du mein Bruder bist.

Karl. O Schwester, auch mich machst du schwermüthig — doch meine Julie, dies soll unsere Liebe
um nichts mindern.

Leonore. Pinzenzo soll mit uns leben, und so
wollen wir unsere Tage zufrieden zubringen.

Vierzehnter Auftritt.

Gertrude mit Pinzenzo. Vorige.

Gertrude. Nun, hier haben Sie Ihren Freund
wieder, wäre ich einen Augenblick später gekommen,
so wäre er von Ihnen auf immer entrissen worden,
er war schon auf dem Punkt sein eigener Mörder zu
werden.

Karl. (will auffspringen seinen Freund zu umarmen)
Mein Pinzenzo! bist du hier?

Arzt. Ruhig, ruhig, denken Sie an Ihren Zustand.

Pinzenzo. Verzeih' Freund! Verzeih', ich glaubte dich in einem andern Leben wieder zu sehen, ich

konnte

konnte den Gedanken nicht ertragen, dein Mörder zu seyn, und wollte selbst an mir den Mord ausüben. (gegen Julie) Verzeihen auch Sie mir, Sie wissen nun meine Unschuld, halten Sie mich stets als Ihren Freund.

Julie. Gewiß Pinzenzo! Sie müssen immer bey uns bleiben, Sie müssen unser Glück vollkommen machen.

Sirway. Nun, kommt Kinder! Ist dieser Tag zwar mit vielen Leiden vermengt, so sind doch die Freuden noch mehr, und wir wollen ihn feyerlich zubringen; du Selton! vergiß deine Konstanze, sie ist deines Andenkens nicht werth, du must mit uns fröhlich seyn, Julie soll dir statt Konstanzen seyn, kein Kummer soll mehr die Freude des heutigen Tages stören, Gott will ich danken, daß er mich so unvermuthet glücklich machte, mir meine theure Elise und Julien wieder gab. Nun kommt Kinder.

(Karl wird weggetragen, alle andere ab.)

Ende des dritten und lezten Aufzugs.

———————

König